Book A

SPANISH IS FUN

Teacher's Manual and Key

Second Edition

Heywood Wald, PhD

AMSCO

AMSCO SCHOOL PUBLICATIONS, INC.
315 Hudson Street New York, N.Y. 10013

Cassettes

The cassette program comprises four two-sided cassettes providing practice in vocabulary, structure, listening, and speaking. The voices are those of native speakers of Spanish from Spanish-American countries.

Each of the twenty-one lessons in the book includes the following cassette materials:

Oral exercises in four-phased sequences: cue—pause for student response—correct response by native speaker—pause for student repetition.

The narrative or playlet at normal listening speed.

Questions or completions based on the narrative or playlet in four-phased sequences.

The conversation, first at normal listening speed, then by phrases with pauses for student repetition.

The Cassettes (ordering code N 529 C) are available separately from the publisher. A cassette script is included in the package.

When ordering this book, please specify:
either **R 529 T** *or* SPANISH IS FUN, BOOK A,
2ND EDITION, TEACHER'S MANUAL

Cover and text design by Merrill Haber.
Illustrations and electronic composition by Initial Graphic Systems, Inc.

ISBN 0-87720-146-3

Copyright © 1997 by Amsco School Publications, Inc.

PRINTED IN THE UNITED STATES OF AMERICA

4 5 6 7 8 9 10   09 08 07 06 05 04 03 02

Introduction

This *Teacher's Manual and Key* for SPANISH IS FUN, BOOK A, includes the following:

- Suggestions for presenting the key sections of the lessons.

- Supplementary explanatory notes that teachers may wish to use in suitable classroom contexts.

- Optional oral exercises not printed in the student text, designed to practice and test the audio-lingual skills.

- A complete Key to all blank slots in the structural sections, all exercises, and all games and puzzles, both for the book and the *Cuaderno de Ejercicios*.

- Two Achievement Tests.

Vocabulary

We recommend that teachers present approximately half of the lesson vocabulary in one class session. With the aid of supplementary materials (such as pictures and objects), teachers can direct students to repeat two or three times in unison the name of the item in Spanish. Students may then be prompted by gestures and intonation to respond individually to simple questions:

¿Es un lápiz? — Sí, es un lápiz.
¿Es un libro? — No, es un lápiz.
¿Qué es? — Es un lápiz.

As the course progresses and students become more proficient, questions may increase in number and difficulty. Teachers may also wish to recognize varying degrees of readiness among students by individualizing the cue-response sequences.

Structures

Structure is presented inductively in order to encourage students to discover and formulate their own conclusions about grammatical principles. The sequences of questions and directed responses about structure include open "slots" for completion of students. This device is designed to motivate students to observe, compare, reason, and form conclusions. Immediate reinforcement is provided through the completed statements of the structural principles involved. We recommend that the oral exercises in this *Manual* be given immediately after the presentation of structures.

Actividades

The exercises (which may be done both orally and in writing) are closely integrated with the learning materials in that they follow directly after the materials to which they apply. The exercises are designed to make students work actively in the language—hence, **actividades**—whether they practice vocabulary, structure, conversation, or writing. Systematic recycling of lexical and structural elements helps reinforce all materials and develops increasing proficiency as the course progresses.

Reading

The narratives or playlets feature new vocabulary and structural elements and reinforce previously learned grammar and expressions. Marginal glosses give the meanings of new words. Although these narratives and playlets are intended chiefly to develop reading skills, they are equally suitable for practice in listening comprehension, speaking, and—through the accompanying **actividades**—writing.

To maintain class interest, each reading passage may be divided into appropriate segments and presented in different ways: the teacher reads; the class repeats phrases in unison after the teacher; individual students are called on to read or repeat; and other activities, such as role playing the story or reading in small groups, each group in charge of making a question or two about what they read.

New vocabulary may be practiced before the reading passage is presented by demonstration through gestures, props, or simple explanation in Spanish by means of synonyms or antonyms. As a last resort, English may be used briefly by the teacher to assure comprehension.

Each reading piece is followed by **actividades** of various types to test comprehension: true-and-false, with students supplying the correct information for a false statement; completions; questions and answers, which may be done orally or in writing. Teachers may wish to expand upon the **actividades** provided in the book by personalizing the materials in addition to those in the text.

Conversación

The situational dialogs are intended for additional communicative practice. The utterances are kept short in order to encourage mastery if not memorization.

We suggest that teachers introduce the conversation through dramatization and gestures as well as with visual aids. Encourage students to repeat each line of dialog in unison. If a line is too long, it may be broken into logical parts. Role may be assigned to groups and individual students and then reversed or reassigned, so that every student has an opportunity to participate. Students may be called upon to articulate and dramatize their own dialogs by changing words and phrases from the original. Teachers may wish to check comprehension by means of an oral exercise.

Diálogo — Información personal

The lesson conversations are accompanied by exercises designed to reinforce comprehension and speaking. The **Diálogo** exercises, which may be done orally or in writing, provide assimilation practice of the conversation. From this springboard, the primary goal—he ability to apply acquired language skills freely—is developed through the **Información personal** materials, in which students are encouraged to express themselves about their own lives and experiences. We have provided sample responses for these exercises in the Key.

Although the book and the *Cuaderno de Ejercicios* provide students with sufficient material to develop a basic understanding of Spanish, teachers may want to do some additional classroom activities aimed at creating a varied, entertaining, and pleasant atmosphere for language learning. In fact, teachers are constantly looking for alternative materials, "fun activities", and in general, ways to put the students in contact with the language.

The suggested activities briefly described below, and the ones provided at the beginning of each chapter in this Teacher's Manual, intend to provide teachers with ideas on how to use the book and also to sketch some additional techniques for classroom dynamics.

A fairly easy activity to perform in class is working with songs. Both children and teenagers enjoy working with music. Songs provide a pleasant opportunity for practice in pronunciation and reinforcement of lexical and structural elements. [Teachers may also wish to consult Vamos a cantar (Sing and Learn Spanish), by Harriet Barnett and Betty M. Barlow, Shawnee Press, Inc., Delaware Water Gap, PA 18327.]

Songs may be used in a variety of ways. There are songs related to any topic or structural aspect of the book. We recommend slow songs both from Spain and Latin America which put the student in contact with Spanish language and culture. Before listening to the song, structural items and vocabulary should be presented and explained, as in any reading lesson, to eliminate problems and facilitate comprehension. In beginner classes, advanced structures (e.g. radical changing verbs, subjunctive mode, etc.) need not be explained in detail, but merely presented as vocabulary. After the students become familiar with this material, the teacher may pose simple questions about the content of the song to test comprehension.

In addition to this approach, more advanced or highly enthusiastic groups may use the song in a different way. If the class is working on **-ar** verbs, for instance, all verb forms may be deleted and students asked to fill in the blanks. The song needs to be played several times until students start identifying isolated words. At the end of the session, the complete lyrics will be distributed and the whole class can sing along looking at the lyrics.

Another activity for a more advanced class could be to work in groups with the song broken in strips. Each group tries to put the strips in order as they listen to the tape. The song must be played as many times as needed.

Here is a sample song to be used in class:

Mi familia feliz

(To the melody of "My bonnie lies over the ocean")

Yo tengo un padre muy bueno,

Mi madre es buena también,

Y ellos están muy contentos

Porque yo aprendo muy bien.

Hola, hola,

Hola, buenos días, ¿qué tal?, ¿qué tal?

Hola, hola,

Hola, buenos días, ¿qué tal?

In addition to music, art is another activity which students find enjoyable and which can successfully be combined with foreign language teaching. Toward the middle of the semester, students may work in groups doing a picture story with no text. Students should be asked to make simple drawings which relate to the topic of the lesson (school, weather, food, numbers, etc). After they finish their drawings, they can interchange the pictures. Each group would write the text for the other group's story. After they write the text, each group reads its story to the class.

An important consideration at this point is that when teachers give an example of a picture story, the drawings must be simple so as not to discourage those who can not draw very well.

Another activity that may be used from the very beginning of class is journal writing. Teachers find this technique as a valuable tool for communication. Very simple comments about ourselves —name, information about our families, etc.—may be followed by questions that students answer in writing. Since the main purpose of the journal is to encourage communication, teachers should make note of common problems that emerge in the journals, and devote class time to explaining and practicing difficult structures rather than making corrections on each individual paper.

Modeling is also a resource that teachers may use for purposes of correction. For example, it is not uncommon, for students to write or say *"mi llamo es..." for my name is...* When answering, the teacher may write *yo me llamo... mi madre/hijo/esposo(a) se llama...*

In addition to being an excellent means of communication, journals give the teacher a sense of how much command of the language students have. They also give the students the opportunity to express what they like in the class, what is difficult, and what they would like to learn more about.

Spanish Pronunciation

The introductory section of this *Manual* consists of a guide to Spanish pronunciation. We recommend that vowel, consonant, and vowel-combination sounds be practiced as preliminary exercises and as they occur in the lessons. To overcome self-consciousness, students may be asked to practice pronunciation several times in unison. The class may then be divided into halves, then thirds, and then rows for the purpose of repetition, ending with recital by individual students. Teachers may wish to distribute copies of the pronunciation guide to their students.

SPANISH LETTERS	ENGLISH SOUNDS	EXAMPLES
a	*a (father)*	**casa** (KAH-sah)
e	*ay (day)*	**mesa** (MAY-sah)*
i	*ee (meet)*	**libro** (LEE-broh)
o	*o (open)*	**foto** (FOH-toh)

* Without the glide to the [i] sound.

u	*oo (tooth)*	**mucho** (MOO-choh)
b, v	*b (boy)*	**banco** (BAN-Koh), **vaso** (BAH-soh)
c (before **a, o, u**)	*c (cat)*	**campo** (KAM-poh), **cosa** (KOH-sah)
c (before **e, i**)	*c (cent)*	**centro** (SEN-troh), **cine** (SEE-neh)
cc	*ks* sound *(accept)*	**acción** (AHK-SEE-ohn)
g (before **a, o, u**)	*g (go)*	**gafas** (GAH-fahs), **goma** (GOH-mah)
g (before **e, i**)	approximately like *h (hot)*	**general** (HE-neh-rahl)
h	always silent	**hasta** (AHS-tah)
j	approximately like *h (hot)*	**jardín** (HAR-deen)
l	*l (lamp)*	**lámpara** (LAHM-pah-rah)
ll	approximately like *y (yes)*	**caballo** (kah-bah-YOH)
ñ	*ny (canyon)*	**año** (ah-NYOH)

qu	*k (keep)*	**qu**e (KEH)
r	trilled	ca**r**o (kah-ROH)
rr (or r at beginning of a word)	trilled strongly	**r**ico (REE-koh), pe**rr**o (peh-RROH)
s	*s (see)*	ro**s**a (roh-SAH)
x (before a consonant)	*ks (thinks)*	e**x**tra (EKS-trah)

(The pronounciation of k is very weak. Sometimes it is not pronounced)

x (before a vowel)	*ks (socks)*	e**x**amen (EK-sah-men)
y	*y (yes)*	**y**o (YOH)
y (by itself meaning "and")	*ee (meet)*	**y** (EE)
z	*s (see)*	**z**apato (SAH-pah-toh)

SOME VOWEL COMBINATIONS

ai, ay	*i (kite)*	**ai**re (I-re), h**ay** (I)
au	*ow (how)*	**au**to (OW-toh)
ei, ey	*ey (they)*	r**ei**na (REY-nah), r**ey** (REY)
oi, oy	*oy (boy)*	**oi**ga (OY-gah), v**oy** (BOY)

Contents

Primera Parte

Lección 1

Notes: The first lesson presents cognates. This workable Spanish vocabulary is designed to give students a feeling of confidence right from the start. We suggest that each column of words be practiced separately for pronunciation and meaning. Students should learn each noun with its definite article. After correct pronunciation has been mastered, teachers may wish to practice words by means of gestures, pictures, or other visual cues. The Optional Oral Exercises in this Manual and the *Actividades* in the student's book reinforce comprehension and acquisition and allow for personalization of the material. By the end of this first lesson, students should already have a sense of accomplishment and success.

Optional Oral Exercises

A. Repeat each noun with the definite article.

1. cine	**5.** hotel	**8.** animal
2. fiesta	**6.** libro	**9.** familia
3. niño	**7.** bicicleta	**10.** clase
4. flor		

KEY

1. el cine	**5.** el hotel	**8.** el animal
2. la fiesta	**6.** el libro	**9.** la familia
3. el niño	**7.** la bicicleta	**10.** la clase
4. la flor		

B. Form a complete sentence, using the adjectives given.

EXAMPLE: modern El hospital es moderno.

1. inteligente	**5.** tropical
2. interesante	**6.** popular
3. horrible	**7.** importante
4. natural	**8.** grande

1

KEY (sample responses)

1. El estudiante es inteligente.
2. El libro es interesante.
3. El dragón es horrible.
4. La fruta es natural.
5. El insecto es tropical.
6. La actriz es popular.
7. La familia es importante.
8. La casa es grande.

C. Give the English meaning of each of the following sentences.

1. La escuela es grande.
2. El automóvil es necesario.
3. La música es popular.
4. El doctor es famoso.
5. El periódico es importante.
6. El aeropuerto es moderno.
7. La clase es interesante.
8. El cereal es delicioso.
9. El perro es inteligente.
10. El color es horrible.

KEY (These answers may be oral or written)

1. The school is big.
2. The car is necessary.
3. The music is popular.
4. The doctor is famous.
5. The newspaper is important.
6. The airport is modern.
7. The class is interesting.
8. The ceral is delicious.
9. The dog is intelligent.
10. The color is horrible.

Key to Actividades

Actividad A

1. la música y el piano
2. la puerta y la ventana
3. el niño y la niña
4. la amiga y el amigo
5. la mujer y el hombre
6. el libro y la escuela
7. la pluma y el lápiz
8. el gato y el perro

Actividad B

1. el gato
2. el insecto
3. la bicicleta
4. el hotel
5. el cine
6. el niño, el barbero
7. la escuela
8. el periódico
9. la flor
10. el dragón

Actividad C

1. la pluma	**7.** el perro	**13.** la casa
2. el piano	**8.** la niña	**14.** el lápiz
3. la doctora	**9.** el café	**15.** la puerta
4. la televisión	**10.** la fruta	**16.** la señorita
5. la bicicleta	**11.** el profesor	**17.** la ventana
6. el libro	**12.** el cine	**18.** el hospital

Actividad D

1. la	**5.** el	**9.** la	**13.** el
2. el	**6.** la	**10.** la	**14.** la
3. la	**7.** el	**11.** la	**15.** el
4. el	**8.** la	**12.** el	**16.** el

Actividad E

(sample answers)

1. importante, famoso, popular, americano
2. tropical, natural, grande
3. grande, terrible
4. delicioso, americano
5. rápido, importante, americano
6. popular, famoso, americano, importante
7. natural, deliciosa
8. rápido
9. moderno, importante
10. americano, famoso, popular, importante

Actividad F

1. no	**3.** sí	**5.** sí
2. sí	**4.** sí	

Actividad G

1. clase, casa, escuela, iglesia
2. actor, hombre, amigo
3. clase, escuela, familia
4. tren, automóvil

5. niña, profesora, madre, actriz
6. automóvil, taxi, banco
7. actriz, princesa, iglesia, mujer
8. hotel, hospital, aeropuerto

Información personal
(sample answers)

Yo soy grande.   Yo soy terrible.
Yo soy inteligente.   Yo soy estudiante.
Yo soy popular.

Comunicación

1. la flor   3. el gato
2. la bicicleta   4. la niña

Quick Quiz

1. ten
2. Mexican
3. Aztecs / Mayas/ Incas
4. Native inhabitants, Spanish colonists, and descendants of Africans
5. El Día de la Raza.

Lección 2

In this lesson, students get their first opportunity to actually communicate with each other in Spanish—the target language. The first order of business is to give all students a Spanish name. This is the name that will be used to identify them in all situations in the Spanish class. Having and using this name will give them a sense or feeling of being part of the Spanish-speaking culture—an active participant in it—rather than as an "outsider" studying a "foreign" civilization.

Once the students have their names, they can then stand and introduce themselves to each other using basic phrases and expressions:

Buenos días.
Yo me llamo José.
¿Cómo te llamas?.

Each student introduces himself or herself to another in the class. This is done by all students addressing neighbors or by going around the room.

Once the students feel comfortable with this limited, conversational material, new expressions can be gradually introduced to build on this base: **Hola, mucho gusto, adiós, hasta mañana,** etc.

Students want to start to communicate as soon as possible, and this type of material is vital to achieving that aim.

Key to Actividades

Actividad A

1. Juana
2. Carlos
3. Rafael
4. Caterina, Catalina
5. Esteban
6. Antonio
7. José
8. Isabel
9. Elena
10. Jaime
11. Pablo
12. Guillermo
13. Luz, Lucía
14. Miguel

Actividad B

MUCHACHAS	MUCHACHOS
Luz	Felipe
Sara	Miguel
Lucía	Jaime
Josefina	Patricio
Antonia	Joaquín
Dolores	Luis
Inés	Andrés

Actividad C

(sample answers)

Buenos días. Yo me llamo Miguel.
¿Cómo te llamas?
Mucho gusto.
Hasta pronto.

Actividad D

1. Se llama Maribel.
2. Se llama Ana.
3. Se llama Pepe.
4. Se llama Luis.
5. Se llama Luz.
6. Se llama Jorge.

Actividad E

Muy bien, ¿Y tú?
Voy a casa.
Hasta mañana.

Actividad F

1. Good morning.
2. What is your name?
3. My name is . . .
4. And you?
5. It's a pleasure to meet you.
6. The pleasure is mine.
7. Good-bye.
8. See you tomorrow.
9. How are you?
10. Very well, thank you.

Actividad G

1. Buenos días. ¿Cómo te llamas?
2. Me llamo Luisa. ¿Y tú?
3. Adiós, Roberto. Hasta mañana.
4. ¿Cómo estás? Muy bien, gracias.
5. ¿Adónde vas? Voy a casa.
6. ¿Cómo se llama la muchacha?
7. Ella se llama Alicia.

Actividad H

Felipe	¿Cómo te llamas?
Gracias	Voy
¿Adónde vas?	Mucho gusto
Enrique	Adiós
¿Cómo estás?	Rosa
Bien	Antonio
Señorita	Mañana

Diálogo

Buenos días.	Muy bien, gracias. ¿Y tú?
Me llamo Pepita.	Voy a la clase.
El gusto es mío.	Adiós, Pablo.

Comunicación

(Answers may vary.)

Quick Quiz

1. piropo
2. piropear
3. a girlfriend
4. rude
5. Hi, good looking!
6. Thanks for the compliment.

Lección **3**

Notes: As an interesting motivational device for this lesson, you may wish to introduce the vocabulary and the story with a picture of your family, and speak briefly about it in Spanish. Students may also be encouraged to bring pictures of their families and talk about them in class.

Key to Structures

2 In Spanish, singular nouns ending in a vowel (**a, e, i, o, u**) form the plural by adding an **s**.

Do the nouns in the left column end in a vowel?   *No*

How do they end?   *In a consonant*

What letters do you add to make them plural?   *es*

Here's the rule: In Spanish, singular nouns ending in a consonant (for example **l, n, r**), form the plural by adding the letters **es** to the singular form of the noun to make it plural.

Now underline all the words that mean "*the*" in both groups and fill in the rest of the rule:

> The plural form of **el** is *los*.
> The plural form of **la** is *las*.
> **los** and **las** mean *the*.

Optional Oral Exercises

A. Repeat each noun with the definite article.

1. hombres	**5.** blusas	**8.** automóviles
2. abuela	**6.** disco	**9.** ambulancia
3. tigre	**7.** madres	**10.** hijo
4. perros		

KEY

1. los hombres	**5.** las blusas	**8.** los automóviles
2. la abuela	**6.** el disco	**9.** la ambulancia
3. el tigre	**7.** las madres	**10.** el hijo
4. los perros		

B. Change from singular to plural.

1. el actor	**5.** el auto	**8.** la lámpara
2. la abuela	**6.** el amigo	**9.** la mujer
3. la familia	**7.** el animal	**10.** el teatro
4. la flor		

KEY

1. los actores	**5.** los autos	**8.** las lámparas
2. las abuelas	**6.** los amigos	**9.** las mujeres
3. las familias	**7.** los animales	**10.** los teatros
4. las flores		

Key to Actividades

Actividad A

1. el abuelo	**6.** los abuelos
2. el hermano	**7.** la madre
3. los padres	**8.** el perro
4. la hermana	**9.** la abuela
5. el gato	**10.** el padre

Actividad B

1. la abuela	**5.** el gato
2. el hijo	**6.** el abuelo
3. la hija	**7.** la madre
4. el padre	**8.** el perro

Actividad C

1. Sí.	**4.** Sí.	**7.** Sí.
2. María	**5.** Sultán es el perro de la familia.	**8.** El padre de mi madre es mi abuelo.
3. Sí.	**6.** Sí.	**9.** Sultán dice: —guau, guau.

Actividad D

Role play.

Actividad E

1. El amigo de Roberto se llama Juan.
2. El amigo de Roberto va a la casa de Juan.
3. Ana es la hermana de Roberto.
4. Roberto es el hermano de Ana. Roberto es el amigo de Juan.
5. Sí, Ana es amiga de Juan.

Actividad F

1. los	6. el	11. la	16. la
2. el	7. los	12. las	17. el
3. los	8. el	13. la	18. el
4. las	9. la	14. las	19. las
5. la	10. la	15. las	20. la

Actividad G

1. los padres	6. las ambulancias	11. las hijas	16. las frutas
2. los colores	7. los tigres	12. los animales	17. las bicicletas
3. los trenes	8. los hombres	13. las clases	18. las mujeres
4. las gatas	9. las niñas	14. las rosas	19. las flores
5. los autos	10. los profesores	15. los abuelos	20. los doctores

Vamos a conversar

Mi familia es grande.
Mi padre se llama...
Mi madre se llama...
Mis abuela se llama...

Quick Quiz

1. two
2. father's [..] mother's
3. maiden
4. de
5. Salinas [...] Ochoa
6. Salinas
7. father's

Lección 4

Notes: Classroom objects may serve as motivational devices for this lesson. Apply the optional oral exercises about the definite article with the vocabulary in this and previous lessons before proceeding to the indefinite article.

The lesson narrative may serve as a point of departure for a simple, personalized conversation about your class.

Key to Structures

3 Look at the story again. There are two new little words that you read several times. Can you find these two new words? They are *un* and *una* .

Let's start by comparing the two groups of nouns. Are the nouns in the left column masculine or feminine? *Masculine* How do you know? *el is used* What does **el** mean? *the* Now look at the words in the right column. Which word has replaced **el**? *un* What does **un** mean? *a*

Are the nouns in the left column of this group masculine or feminine? *Feminine* How do you know? *la is used* What does **la** mean? *the* Now look at right column. Which word has replaced **la**? *una* What does **una** mean? *a*

Optional Oral Exercises

A. Repeat each noun with the definite article:

1. mesa
2. ventana
3. profesor
4. escuela
5. papel
6. diccionario
7. cuaderno
8. alumna
9. lápiz
10. pizarra

KEY

1. la mesa
2. la ventana
3. el profesor
4. la escuela
5. el papel
6. el diccionario
7. el cuaderno
8. la alumna
9. el lápiz
10. la pizarra

B. Change to plural.

1. la puerta	**6.** el doctor
2. el alumno	**7.** el muchacho
3. la profesora	**8.** la pluma
4. la lección	**9.** el papel
5. el libro	**10.** la persona

KEY

1. las puertas	**6.** los doctores
2. los alumnos	**7.** los muchachos
3. las profesoras	**8.** las plumas
4. las lecciones	**9.** los papeles
5. los libros	**10.** las personas

C. Change the definite article to the indefinite article **un** or **una**.

EXAMPLE: el lápiz   un lápiz

1. la muchacha	**6.** el parque
2. la mesa	**7.** la clase
3. el hermano	**8.** el cuaderno
4. el diccionario	**9.** el gato
5. la ventana	**10.** la hija

KEY

1. una muchacha	**6.** un parque
2. una mesa	**7.** una clase
3. un hermano	**8.** un cuaderno
4. un diccionario	**9.** un gato
5. una ventana	**10.** una hija

Key to Actividades

Actividad A

1. la mesa	**5.** la escuela	**9.** la silla
2. la alumna	**6.** el papel	**10.** la pluma
3. el lápiz	**7.** el alumno	**11.** la puerta
4. la ventana	**8.** la pizarra	**12.** el reloj

Actividad B

1. libro	**6.** reloj	**11.** borrador	**16.** mesa
2. escritorio	**7.** bolígrafo	**12.** tiza	**17.** alumno
3. señora	**8.** lápiz	**13.** ventana	**18.** cuaderno
4. cesto	**9.** papel	**14.** mapa	**19.** clase
5. lápices	**10.** silla	**15.** pluma	**20.** pizarra

Actividad C

1. No. La clase de español es interesante.
2. Sí.
3. No. La profesora de la clase es la señora Iglesias.
4. Sí.
5. No. La señora Iglesias va a la pizarra.

Actividad D

1. abuelo	**4.** familia	**6.** hermana
2. gato	**5.** perro	**7.** tren
3. casa		

Actividad E

mapa, reloj, borrador, cesto, tablón

Actividad F

1. los	**6.** las
2. la	**7.** los
3. los	**8.** la
4. la	**9.** el
5. los	**10.** la

Actividad G

1. —	**3.** —	**5.** un
2. un	**4.** una	**6.** —

Actividad H

1. un bolígrafo
2. un reloj
3. un cuaderno
4. una silla
5. un mapa
6. una pizarra
7. una ventana
8. un escritorio
9. un lápiz
10. un cesto

Actividad I

1. una silla
2. una puerta
3. un estudiante
4. una escuela
5. una niña
6. un reloj
7. un profesor
8. un hijo

Actividad J

1. una
2. una
3. un
4. un
5. un
6. una
7. una
8. una
9. una
10. una
11. una
12. una
13. un
14. un
15. una
16. un

Actividad K

1. No. Manuel no es un estudiante excelente.
2. Sí.
3. No. La profesora se llama Carmen Ruiz.
4. Sí.
5. Sí.

Diálogo

Buenos días, señor González.
Mi libro está en la mesa.

Aquí está mi lápiz.
Sí, el español es mi clase favorita.

Preguntas personales
(sample answers)

1. Está en la clase.
2. Se llama…
3. Aquí está mi pluma.
4. Están en casa.
5. Están en mi cuaderno.

Información personal
(sample answers)

1. un cuaderno
2. un bolígrafo
3. un lápiz
4. una pluma
5. papeles

Vamos a conversar

Es muy interesante.
Se llama…
Hay un mapa, una pizarra y muchos escritorios.
Sí, hay muchos alumnos, muy inteligentes.

Quick Quiz

1. shifts (turnos)
2. starts at 7:00 A.M. and ends at 2:00 P.M.
3. 2:00 P.M. to 8:00 P.M.

4. 6:00 A.M.
5. madrugador

Lección 5

Notes: Teachers may wish to have students act out various verbs in this lesson. Students say in Spanish what they are doing or have others guess what they are doing. Students should use verbs in complete sentences to describe the actions.

Teachers may also cue students (or have students cue one another), using intonation to pose questions. Example: **¿Tú hablas?** A student answers: **Yo hablo**. The entire class may then respond in unison: **Él/Ella habla**. Or: **¿Ustedes hablan? Nosotros hablamos. Ellos/Ellas hablan**.

Key to Structures

2 Now can you do one? Take the verb **hablar** (to speak). Remove the **-ar**, look at the subjects and add the correct endings.

yo hablo	nosotros/nosotras hablamos
tú hablas	ustedes hablan
usted habla	
él habla	ellos/ellas hablan
ella habla	

Optional Oral Exercises

A. Substitute the subject by the appropriate pronoun.

1. Rosa estudia español.
2. David y yo compramos libros.
3. José y Juan hablan francés.
4. Carmen y Susana trabajan en el mercado.
5. El hombre entra en el restaurante.
6. Los alumnos contestan en la clase.
7. El perro pasa por el parque.
8. La niña mira la televisión.
9. Las muchachas bailan en la discoteca.
10. Roberto visita a la abuela.

KEY

1. Ella estudia español.
2. Nosotros compramos libros.
3. Ellos hablan francés.
4. Ellas trabajan en el mercado.
5. Él entra en el restaurante.
6. Ellos contestan en la clase.
7. Él pasa por el parque.
8. Ella mira la televisión.
9. Ellas bailan en la discoteca.
10. Él visita a la abuela.

B. Express the verb with the subject you hear.

1. mirar: nosotros
2. hablar: ustedes
3. bailar: yo
4. estudiar: el alumno
5. preguntar: Alicia
6. comprar: tú
7. contestar: ellos
8. trabajar: el padre
9. usar: usted
10. visitar: las hijas

KEY

1. nosotros miramos
2. ustedes hablan
3. yo bailo
4. el alumno estudia
5. Alicia pregunta

6. tú compras
7. ellos contestan
8. el padre trabaja
9. usted usa
10. las hijas visitan

Key to Actividades

Actividad A

1. Levanta la mano.
2. Pasa a la pizarra.
3. Siéntate.
4. Abre el libro.
5. Saca papel.

6. Lee.
7. Cierra el libro.
8. Levántate.
9. Escribe.
10. Escucha.

Actividad B

Commands from previous exercice.

Actividad C

1. usted
2. tú
3. usted
4. ustedes

5. tú
6. ustedes
7. tú
8. ustedes

Actividad D

yo compro
tú compras
usted compra
él compra
ella compra

nosotros compramos
nosotras compramos
ustedes compran
ellos compran
ellas compran

Actividad E

1. yo
2. tú
3. yo
4. ellos, ellas, ustedes
5. él, ella, usted
6. ellos, ellas, ustedes
7. yo
8. tú

Actividad F

1. llego
2. trabajas
3. contesta
4. pregunta
5. escucha
6. bailamos
7. hablan
8. entramos

Actividad G

1. hablo
2. trabajas
3. compramos
4. entran
5. estudian
6. camina
7. canto
8. escuchas
9. contestamos
10. mira

Actividad H

1. No. Héctor estudia español.
2. Sí.
3. Sí.
4. Sí.
5. Sí.
6. No. Héctor es rubio.
7. No. Juan mira mucho la televisión.

Actividad I

1. Ellos trabajan en un cine.
2. Usted compra una rosa.
3. José mira béisbol en la televisión.
4. Mi abuelo es moreno.
5. Yo escucho música.
6. Bailas bien.

Diálogo

bailar	guapo
¿verdad?	muy
entrar	suerte

Información personal
(sample answers)

Hablo	Miro	Hablo, estudio	Camino
Estudio	Escucho	Trabajo	

Vamos a conversar

Estudio matemáticas, español, música...
Sí, trabajo mucho.
Yo contesto bien en clase.
No, yo no miro mucha televisión. Yo estudio mucho.

Quick Quiz

1. equipo
2. Cuba, the Dominican Republic
3. the Dominican Republic
4. struck out
5. pelota

Repaso (Lecciones 1-5)

Actividad A

1. la mujer
2. los niños
3. los abuelos
4. la flor
5. el periódico
6. el lápiz
7. el gato
8. la pluma
9. el libro
10. la silla
11. el profesor
12. la niña
13. el papel
14. el reloj
15. los hombres
16. el borrador
17. el perro
18. la alumna

Actividad B

Actividad C

1. el lápiz
2. la pluma
3. el libro
4. el calendario
5. el cuaderno
6. el reloj

Actividad D

1. mira
2. escribimos
3. escuchan
4. bailan
5. trabaja
6. contestan
7. entra
8. compran
9. hablan
10. canta

Actividad E

El español es FABULOSO.

1.   P R O F E S O R
2.   C A S A
3.   A B U E L O S
4.   P U E R T A
5.   B O L I G R A F O
6.   D O C T O R
7.   E S C U E L A
8. N I Ñ O

Actividad F

Pepe es un muchacho. Él estudia español en la escuela. La madre de Pepe se llama Isabel. El padre se llama Jorge. La madre es doctora. Ella trabaja en un hospital. El padre de Pepe es profesor. Él trabaja en una escuela moderna. Pepe va a la clase de español con su amigo. En la clase usa muchas cosas: un lápiz, una pluma, un libro y papel. En la casa de Pepe hay dos animales: Sultán es un perro y Patitas es un gato.

Actividad G

1. pregunta
2. doctora
3. papel
4. pizarra
5. miran
6. estudiantes
7. muy bien
8. clase
9. inteligente

Segunda Parte

Lección 6

Notes: The techniques for verb practice used in Lesson 4 may be repeated in Lesson 5. Now, however, students should also answer in the negative and form questions using inversion. Although question words such as **¿cómo?**, **¿cuándo?**, **¿dónde?**, **¿adónde?**, **¿por qué?** occur throughout the book, students should not be required to use them actively. These terms are beyond the level and scope of this text.

Point out that in colloquial Spanish we may sometimes ask questions without inversion.

EXAMPLE: ¿Alicia estudia español?   ¿Tú hablas francés?

Key to Structures

1 Do you see what's happening here? If you want to make a sentence negative in Spanish, what word is placed directly in front of the verb?   *no*   If you wrote no, you are correct.

Optional Oral Exercises

A. Express the verb with the subject you hear.

1. escuchar:	él		7. bailar:	Daniel
2. preguntar:	nosotros		8. contestar:	la profesora
3. entrar:	Pablo y Olga		9. pasar:	usted
4. mirar:	tú		10. trabajar:	ustedes
5. practicar:	María y Alicia		11. usar:	yo
6. cantar:	la señorita		12. hablar:	tú

KEY

1. él escucha
2. nosotros preguntamos
3. Pablo y Olga entran
4. tú miras
5. María y Alicia practican
6. la señorita canta
7. Daniel biala
8. la profesora contesta
9. usted pasa
10. ustedes trabajan
11. yo uso
12. tú hablas

20

B. Make these sentences negative.

1. Nosotros escuchamos la radio.
2. Los alumnos estudian español.
3. Ana compra un disco.
4. El doctor trabaja en el hospital.
5. Yo canto bien.
6. Tú usas el automóvil.
7. Ustedes hablan mucho.
8. Luis necesita dinero.
9. Nosotros practicamos la lección.
10. Usted desea una bicicleta.
11. Él entra en la clase.
12. Ellas bailan en la fiesta.

KEY

1. Nosotros no escuchamos la radio.
2. Los alumnos no estudian español.
3. Ana no compra un disco.
4. El doctor no trabaja en el hospital.
5. Yo no canto bien.
6. Tú no usas el automóvil.
7. Ustedes no hablan mucho.
8. Luis no necesita dinero.
9. Nosotros no practicamos la lección.
10. Usted no desea una bicicleta.
11. Él no entra en la clase.
12. Ellas no bailan en la fiesta.

C. Change these sentences to questions.

1. Nosotros escuchamos la radio.
2. Los alumnos estudian español.
3. Ana compra un disco.
4. El doctor trabaja en el hospital.
5. Yo canto bien.
6. Tú usas el automóvil.
7. Ustedes hablan mucho.
8. Luis necesita dinero.
9. Nosotros practicamos la lección.
10. Usted desea una bicicleta.
11. Él entra en la clase.
12. Ellas bailan en la fiesta.

KEY

1. ¿Escuchamos nosotros la radio?
2. ¿Estudian los alumnos español?
3. ¿Compra Ana un disco?
4. ¿Trabaja el doctor en el hospital?
5. ¿Canto yo bien?
6. ¿Usas tú el automóvil?
7. ¿Hablan ustedes mucho?
8. ¿Necesita Luis dinero?
9. ¿Practicamos nosotros la lección?
10. ¿Desea usted una bicicleta?
11. ¿Entra él en la clase?
12. ¿Bailan ellas en la fiesta?

D. Directed dialog. Student #1 asks the question, student #2 responds, class responds in unison.

Pregúntele a un alumno (una alumna, unos alumnos, unas alumnas) si él (ella, ellos, ellas)

1. baila(n) bien
2. contesta(n) en clase
3. mira(n) la televisión
4. estudia(n) en casa
5. compra(n) muchos discos
6. practica(n) las lecciones
7. desea(n) un automóvil
8. pregunta(n) mucho

STUDENT #1	STUDENT #2
1. ¿Bailas tú bien? ¿Baila(n) usted(es) bien?	Sí, yo bailo/nosotros bailamos bien.
2. ¿Contestas tú en clase? ¿Contesta(n) usted(es) en clase?	Sí, yo contesto/nosotros contestamos en clase.
3. ¿Miras tú la televisión? ¿Mira(n) usted(es) la televisión?	Sí, yo miro/nosotros miramos la televisión.
4. ¿Estudias tú en casa? ¿Estudia(n) usted(es) en casa?	Sí, yo estudio/nosotros estudiamos en casa.
5. ¿Compras tú muchos discos? ¿Compra(n) usted(es) muchos discos?	Sí, yo compro/nosotros compramos muchos discos.
6. ¿Practicas tú las lecciones? ¿Practica(n) usted(es) las lecciones?	Sí, yo practico/nosotros practicamos las lecciones.
7. ¿Deseas tú un automóvil? ¿Desea(n) usted(es) un automóvil?	Sí, yo deseo/nosotros deseamos un automóvil.
8. ¿Preguntas tú mucho? ¿Pregunta(n) usted(es) mucho?	Sí, yo pregunto/nosotros preguntamos mucho.

NOTE: The procedure for the directed dialog may be extended to practice (a) negative and (b) third-person singular and plural verb forms.

EXAMPLES: (a) ¿Hablas tú francés? No, yo no hablo francés.

(b) Pregúntele a Pablo si María habla español.

Student #1:	¿Habla María español?
Student #2:	Sí, ella habla español.
Class in unison:	Sí, ella habla español.

Key to Actividades

Actividad A

1. Yo no hablo español en clase.
2. Ustedes no escuchan la radio.
3. Tú no contestas.
4. Ellos no caminan.
5. María no baila.

6. Los estudiantes no usan bolígrafos.
7. Ella no practica las palabras nuevas.
8. La profesora no mira la pizarra.
9. El actor no entra en el teatro.
10. Los padres no compran muchas cosas.

Actividad B

1. ¿Pregunta usted?
2. ¿Contestan los muchachos?
3. ¿Entra el amigo?
4. ¿Canta la madre?
5. ¿Compran los hombres?

6. ¿Estudia el hermano?
7. ¿Caminan las hijas?
8. ¿Escucha el médico?
9. ¿Trabaja la mujer?
10. ¿Bailamos nosotros?

Actividad C

1. c	3. g	5. j	7. k	9. e	11. a
2. d	4. h	6. b	8. i	10. l	12. f

Actividad D

1. Está contenta.
2. Yo no sé.
3. Deseo aprender.
4. Deseo escuchar la música.
5. Desea comprar un bolígrafo.

Actividad E

1. Usan el automóvil.
2. Usan el auto para ir a trabajar.
3. Necesito el automóvil para ir a la escuela.
4. Un automóvil necesita gasolina.
5. Necesita un auto para impresionar a las muchachas.
6. (No) camino a la escuela.

Actividad F

1. ir
2. hablar
3. comprar

4. ir
5. entrar
6. escuchar

Actividad G

1. a la
2. al

3. al
4. al

5. al
6. a la

7. a la
8. al

Actividad H

1. ¿Escucha usted la radio?
2. ¿Compra usted un auto nuevo?
3. ¿Va usted al cine?

Actividad I

1. ¿Miras mucho la televisión?
2. ¿Bailas mucho?

3. ¿Compras muchas cosas?
4. ¿Estudias mucho?

Actividad J

(sample answers)

No deseo escuchar música.
Deseo estudiar para el examen.
Voy al parque con mis amigos.
Practico el béisbol.

Actividad K

1. un auto nuevo
2. un parque grande
3. un garage pequeño

4. un auto usado
5. un bolígrafo bueno
6. una casa moderna

7. un actor famoso
8. cosas buenas
9. un libro nuevo

Diálogo

Buenas tardes. Necesito un automóvil.
Un automóvil pequeño. Es para ir a trabajar.
Usado, si es bueno.
Bueno... ¡Perfecto!

Preguntas personales
(sample answers)

1. Sí, yo bailo bien.
2. No. No canto en clase.
3. Sí, hablo español.
4. Sí, escucho música.

Información personal

1. No escucho mucho la radio.
2. No voy mucho al cine.
3. Escucho al profesor.
4. Estudio mucho en casa.
5. Trabajo mucho.

Vamos a conversar
(sample answers)

Es un automóvil pequeño.
No, no cuesta mucho dinero.

No. Es un auto usado.
Necesito un auto para ir a la escuela.

Quick Quiz

1. 100
2. waist
3. 13
4. rain god
5. bravery

Lección 7

Note: To practice the numbers from 1 to 30, students may use a calendar, guess people's age in pictures, count play money, recite phone numbers, or formulate simple mathematical problems that other students answer in complete Spanish sentences.

Optional Oral Exercises

A. Write down the number you hear.

1. siete
2. trece
3. veinte
4. dieciséis
5. doce
6. cuatro
7. nueve
8. quince
9. treinta
10. veintiocho

KEY

1. 7		**6.** 4	
2. 13		**7.** 9	
3. 20		**8.** 15	
4. 16		**9.** 30	
5. 12		**10.** 28	

B. Give the number that comes after the number you hear.

1. diez	**6.** siete
2. dos	**7.** catorce
3. cinco	**8.** veintiséis
4. veinte	**9.** doce
5. veintitrés	**10.** veintinueve

KEY

1. once	**6.** ocho
2. tres	**7.** quince
3. seis	**8.** veintisiete
4. veintiuno	**9.** trece
5. veinticuatro	**10.** treinta

C. Give the number that comes before the number you hear.

1. diecisiete	**6.** veintitrés
2. cuatro	**7.** uno
3. diez	**8.** dieciséis
4. trece	**9.** veinte
5. veintiséis	**10.** dos

KEY

1. dieciséis	**6.** veintidós
2. tres	**7.** cero
3. nueve	**8.** quince
4. doce	**9.** diecinueve
5. veinticinco	**10.** uno

D. ¿Cuántos son

1. tres y cuatro?
2. treinta menos diez?
3. dos por cuatro?
4. veinte menos cinco?

5. treinta dividido por tres?
6. dos por ocho?
7. veinte menos seis?
8. veinte dividido por cuatro?

KEY

1. Tres y cuatro son siete.
2. Treinta menos diez es/son veinte.
3. Dos por cuatro es/son ocho.
4. Viente menos cinco es/son quince.

5. Treinta dividido por tres es/son diez.
6. Dos por ocho es/son dieciséis.
7. Veinte menos seis es/son catorce.
8. Veinte dividido por cuatro es/son cinco.

E. Have students articulate their own math problems to the class.

Key to Actividades

Actividad A

1. tres
2. seis
3. cinco
4. cuatro
5. ocho
6. dos
7. siete
8. diez
9. nueve

Actividad B

1. 4
2. 2
3. 13
4. 20
5. 18
6. 15
7. 5
8. 9

Actividad C

| uno | cuatro | seis | ocho |
| tres | cinco | siete | nueve |

Actividad D

cuatro, cinco, dos, siete, tres, seis, nueve

Actividad E

1. cero-veinticuatro-veinticinco-seis-ocho-uno
2. dieciséis-nueve-veinte-dos-once
3. veintiuno-catorce-trece-veintisiete
4. treinta-quince-veintiocho-cuatro
5. veintitrés-diez-cero-nueve-veinticuatro
6. diecisiete-dieciséis-siete-cuatro-dieciocho
7. treinta-diecinueve-veintinueve-once
8. cinco-seis-tres-veintidós-veinticinco-tres
9. veintiocho-cuatro-cinco-cero-seis-ocho-cero
10. cinco-diecinueve-seis-quince-vientisiete-treinta

Actividad F

1. siete	4. veinte
2. seis	5. diecisiete
3. un billete de lotería	6. un

Actividad G
(Answers will vary.)

Actividad H
(Answers will vary.)

Actividad I

1. $5 + 5 = 10$ 3. $9 \times 2 = 18$ 5. $4 \div 2 = 2$ 7. $11 \times 1 = 11$ 9. $18 \div 2 = 9$
2. $20 - 5 = 15$ 4. $6 + 3 = 9$ 6. $17 - 16 = 1$ 8. $20 \div 5 = 4$ 10. $16 + 3 = 19$

Actividad J

1. Dos y tres son cinco.
2. Nueve menos dos es/son siete.
3. Cuatro por cuatro es/son dieciséis.
4. Ocho dividido por dos es/son cuatro.
5. Veintidós y tres son veinticinco.
6. Diez menos cinco es/son cinco.
7. Veinticuatro y cinco son veintinueve.
8. Seis dividido por tres es/son dos.
9. Diez y once son veintiuno.
10. Dieciocho menos siete es/son once.

Actividad K

1. a	3. c	5. a	7. c	9. b
2. b	4. a	6. b	8. a	10. c

Actividad L

1. Diez y cinco son quince.
   Quince y siete son veintidós.
   Veintidós y ocho son treinta.

2. Seis y siete son trece.
   Trece y cuatro son diecisiete.
   Diecisiete y doce son veintinueve.

3. Tres y ocho son once.
   Once y diez son veintiuno.
   Veintiuno y dos son veintitrés.

4. Tres y once son catorce.
   Catorce y tres son diecisiete.
   Diecisiete y uno son dieciocho.

Actividad M

1. tiene   3. tengo   5. tiene
2. tienes   4. tiene   6. tienes

Actividad N
(sample answers)

1. Hay un cesto de papeles.
2. Hay cinco ventanas.
3. Hay veinticinco estudiantes.
4. Hay dos puertas.
5. Hay treinta lápices.
6. Hay un reloj.
7. Hay treinta sillas
8. Hay dos pizarras.
9. Hay veintinueve cuadernos.
10. Hay quince niñas.

Diálogo

¿Cuántos son tres y cuatro?
¿Cuánto(s) es/son quince menos cinco?
¿Cuánto(s) es/son veinte dividido por dos?
¿Qué tienes hoy?

Vamos a conversar

¿Hay helado de chocolate?
Deseo un helado de vainilla.
¿Cuánto cuesta un helado pequeño?
Aquí tiene un dólar.

Quick Quiz

1. 15
2. Los quince
3. la quinceañera
4. el baile de las quince parejas
5. 14 young couples
6. a woman

Lección 8

Note: The techniques suggested in Lessons 4 and 5 may also be applied in this lesson on **-er** verbs. Individualized cue-response sequences should be encouraged wherever possible.

Key to Structures

2 We just saw ten action words. Notice that these verbs don't end in **-ar** but in **-er**.

4 Which word in the Spanish sentences does not have an equivalent in the English sentences? *a*

Optional Oral Exercises

A. Express the correct verb form with the subject you hear.

1. ver:	nosotros		**6.** vender:	usted
2. comprender:	yo		**7.** comer:	Pablo y Roberto
3. leer:	Rosita		**8.** correr:	el gato
4. beber:	el niño		**9.** aprender:	ustedes
5. responder:	tú		**10.** saber:	tú

KEY

1. nosotros vemos	**5.** tú respondes	**9.** ustedes aprenden
2. yo comprendo	**6.** usted vende	**10.** tú sabes
3. Rosita lee	**7.** Pablo y Roberto comen	
4. el niño bebe	**8.** el gato corre	

B. Make the following sentences negative.

1. Yo leo en español.
2. Juan aprende la lección.
3. Usted vende flores.
4. Nosotros comemos muchas frutas.
5. Tú respondes a la profesora.
6. Ustedes saben bailar bien.
7. La niña corre a la casa.
8. Las madres comprenden a los hijos.
9. Yo veo a Pablo en la escuela.
10. Él bebe rápidamente.

KEY

1. Yo no leo en español.
2. Juan no aprende la lección.
3. Usted no vende flores.
4. Nosotros no comemos muchas frutas.
5. Tú no respondes a la profesora.
6. Ustedes no saben bailar bien.

7. La niña no corre a la casa.
8. Las madres no comprenden a los hijos.
9. Yo no veo a Pablo en la escuela.
10. Él no bebe rápidamente.

C. Change the following sentences to questions.

1. Yo leo en español.
2. Juan aprende la lección.
3. Usted vende flores.
4. Nosotros comemos muchas frutas.
5. Tú respondes a la profesora.
6. Ustedes saben bailar bien.

7. La niña corre a la casa.
8. Las madres comprenden a los hijos.
9. Yo veo a Pablo en la escuela.
10. Él bebe rápidamente.

KEY

1. ¿Leo yo en español?
2. ¿Aprende Juan la lección?
3. ¿Vende usted flores?
4. ¿Comemos nosotros muchas frutas?
5. ¿Respondes tú a la profesora?
6. ¿Saben ustedes bailar bien?

7. ¿Corre la niña a la casa?
8. ¿Comprenden las madres a los hijos?
9. ¿Veo yo a Pablo en la escuela?
10. ¿Bebe él rápidamente?

Key to Actividades

Actividad A

yo	aprendo	leo	veo
tú	aprendes	lees	ves
usted	aprende	lee	ve
él	aprende	lee	ve
ella	aprende	lee	ve
nosotros	aprendemos	leemos	vemos
nosotras	aprendemos	leemos	vemos
ustedes	aprenden	leen	ven
ellos	aprenden	leen	ven
ellas	aprenden	leen	ven

Actividad B

1. Voy a la fiesta.
2. Voy al doctor.
3. Voy al rodeo.
4. Voy al rancho.
5. Voy a la pizarra.

6. Voy a la clase.
7. Voy al tablón.
8. Voy al parque.
9. Voy a la ventana.
10. Voy al teléfono.

Actividad C

1. la
2. al
3. a la
4. el
5. el
6. a la
7. a la
8. la
9. a la
10. la

Actividad D

1. once
2. el gato
3. comida
4. ve a
5. va al jardín

Actividad E

1. visitamos
2. vende
3. practicas
4. lee
5. responde

6. compran
7. aprenden
8. trabaja
9. veo
10. corre

Actividad F

1. no visitamos
2. no vende
3. no practicas
4. no lee
5. no responde

6. no compran
7. no aprenden
8. no trabaja
9. no veo
10. no corre

Actividad G

1. ¿Visitamos nosotros?
2. ¿Vende Pedro?
3. ¿Practicas tú?
4. ¿Lee usted?
5. ¿Responde mi hermano?

6. ¿Compran ellos?
7. ¿Aprenden ustedes?
8. ¿Trabaja mi padre?
9. ¿Veo yo?
10. ¿Corre ella?

Actividad H

1. Mi amigo tiene un perro.
2. Nosotras leemos un libro.
3. Vemos el gatito.
4. El muchacho vende periódicos.
5. La gata come.

6. El hombre bebe café.
7. Los estudiantes aprenden mucho.
8. Ellos corren al cine.
9. Yo respondo en la clase.
10. El muchacho no comprende.

Actividad I

1. yo
2. tú
3. nosotros, nosotras
4. ellos, ellas, ustedes
5. él, ella, usted

6. él, ella, usted
7. yo
8. ellos, ellas, ustedes
9. nosotros, nosotras
10. tú

Diálogo

Voy al parque con mi gato Chiquito.
¡Oh, sí! Él comprende mucho.
¿Come mucho Rambolito?
Yo prefiero a mi gato. Hasta luego, Roberto.

Información personal

(sample answers)

1. Aprendo mucho en la clase.
2. Como poco.
3. Corro en el parque.

4. Leo mis libros.
5. Trabajo en la escuela.
6. Escucho al profesor.

Vamos a conversar

Se llama Patitas.
Es un gatito.
No. No come mucho.
No. Son muy inteligentes y aprenden rápido.

Quick Quiz

1. clay pot
2. candies, nuts, fruits, coins, toys
3. hung from a rafter, lowered
4. blindfolded
5. break

Lección 9

Notes: The vocabulary in this lesson may be practiced—in addition to the **actividades**—by having students describe television and literary characters, people and objects in newspapers and magazines, and classroom objects.

Students can also take turns describing someone in the class. They read the description alound and the rest try to guess who is the person being described.

Key to Structures

3 Notice that an adjective in Spanish agrees in gender and number with the person it describes. Which letter do the masculine forms of the adjective end in? *o* Which letter do the feminine forms of the adjective end in? *a*

4 What do you notice about the adjectives in both columns? *They are the same.*

8 . . . rico   ricos
   perfecto   perfectos
   moreno   morenos
   elegante   elegantes
   interesante interesantes

Look at the left column. How many people are we describing? *one* Look at the right column. How many people are we describing? *more than one* Which letter did we have to add to the adjective to show that we are describing more than one? We added the letter *s*.

   . . . rica   ricas
   perfecta   perfectas
   morena   morenas
   elegante   elegantes

Look at the adjectives on the left. What is the gender of the noun we are describing? *feminine* How many people are we describing in the left column? *one* Now look at the adjectives in the righ column. How many female persons are we describing? *more than one* Which letter did we have to add to the adjective to show that we are describing more than one? We added the letter *s*.

difícil   difíciles
fácil   fáciles
original   originales

Which letters did we add to the adjective in the first group to show that we are describing more than one? We added the letters *es*.

Optional Oral Exercises

A. Complete the second sentence with the correct form of the adjective.

1. El chocolate es delicioso. La banana es _____.
2. El actor es famoso. La actriz es_____.
3. El muchacho es romántico. La muchacha es _____.
4. Roberto es rico. Juanita es _____.
5. El padre es moreno. La hija es _____.
6. El lápiz es pequeño. La pluma es _____.
7. El abuelo es viejo. La abuela es _____.
8. El hotel es magnífico. La escuela es _____.
9. El hermano es rubio. La hermana es _____.
10. El animal es feo. La casa es _____.

KEY

1. deliciosa	**5.** morena	**9.** rubia
2. famosa	**6.** pequeña	**10.** fea
3. romántica	**7.** vieja	
4. rica	**8.** magnífica	

B. Complete the second sentence with the correct form of the adjective.

1. El elefante es grande. El tigre es _____.
2. El deporte es importante. La música es _____.
3. El español no es difícil. La lección no es _____.
4. Pablo es popular. Carmen es _____.
5. El libro es interesante. La clase es _____.

KEY

1. grande	**3.** difícil	**5.** interesante
2. importante	**4.** popular	

C. Change to plural.

EXAMPLE: Él es pequeño.   Ellos son pequeños.
               Ella es pequeña.   Ellas son pequeñas.

1. Él es gordo.
2. Él es moreno.
3. Él es pobre.
4. Él es feo.
5. Él es americano.

6. Ella es bonita.
7. Ella es flaca.
8. Ella es vieja.
9. Ella es inteligente.
10. Ella es rubia.

KEY

1. Ellos son gordos.
2. Ellos son morenos.
3. Ellos son pobres.
4. Ellos son feos.
5. Ellos son americanos.

6. Ellas son bonitas.
7. Ellas son flacas.
8. Ellas son viejas.
9. Ellas son inteligentes.
10. Ellas son rubias.

D. Change to plural

EXAMPLE: la canción popular   las canciones populares

1. la muchacha joven
2. la lección fácil
3. el libro difícil

4. la fruta tropical
5. el automóvil español

KEY

1. las muchachas jóvenes
2. las lecciones fáciles
3. los libros difíciles

4. las frutas tropicales
5. los automóviles españoles

Key to Acitividades

Actividad A

(sample answers)

1. un muchacho americano
2. una profesora colombiana
3. una comida deliciosa
4. un libro diferente
5. un baile elegante

6. un día especial
7. un alumno estúpido
8. un cine excelente
9. un actor famoso
10. una lección horrible

Actividad B

1. cubano	**5.** inteligente
2. guapo	**6.** bueno
3. alto	**7.** generoso
4. moreno	**8.** perfecto

Actividad C

1. cubano	**3.** inteligente
2. alto y moreno	**4.** guapo

Actividad D

1. cubana	**5.** inteligente
2. guapa	**6.** interesante
3. alta	**7.** generosa
4. morena	**8.** perfecta

Actividad E

1. cubana	**3.** inteligente
2. alta y morena	**4.** guapa

Actividad F

1. rubia	**3.** viejo	**5.** flaca
2. rica	**4.** famosa	**6.** moreno

Actividad G

1. rápido	**5.** nuevo
2. deliciosa	**6.** magnífica
3. romántico	**7.** colombiano
4. moderna	

Actividad H

1. mexicana	**5.** feo	**9.** perfecto
2. bonita	**6.** rápido	**10.** romántica
3. buena	**7.** vieja	
4. morena	**8.** pequeño	

Actividad L

1. popular
2. grande
3. fácil
4. francesa
5. tropical

Actividad J

1. grandes
2. bonita
3. ricos
4. difíciles
5. rápidos
6. pequeño
7. inteligente
8. italianos
9. perfectos
10. importantes

Actividad K

1. el animal grande
2. el libro importante
3. las actividades fáciles
4. el hombre viejo
5. los estudiantes contentos
6. los gatos gordos
7. el hombre pobre
8. las mesas pequeñas
9. el auto nuevo
10. los perros flacos

Actividad L

1. moderna
2. elegantes
3. difíciles
4. rápidos
5. viejo
6. importante
7. pequeñas
8. famosa
9. pobre
10. bonitas

Comunicación
(sample answers)

Él es colombiano.
Él es alto.
Él es rubio.
Él es fuerte.
Él es generoso.

Ella es cubana.
Ella es alta.
Ella es rubia.
Ella es fuerte.
Ella es generosa.

Diálogo

Buenos días, señor Martínez.
Así, así. ¡Qué guapo es su hijo!
Es perfecto ¿verdad?
¡Madre mía!

Información personal

1. soy joven
2. soy alto
3. soy moreno
4. soy inteligente
5. soy americano

Vamos a conversar

Se llama...
Ella es baja, rubia y muy elegante.
Ella prefiere el tenis y la música popular.
No, es italiana.

Quick Quiz

1. Food
2. god of death
4. pink   blue
5. skeletons

Repaso II (Lecciones 6-9)

Key to Actividades

Actividad A

1. bebo	4. comprende	7. vende
2. come	5. corren	8. ve
3. leen	6. aprende	9. responde (contesta)

Actividad B

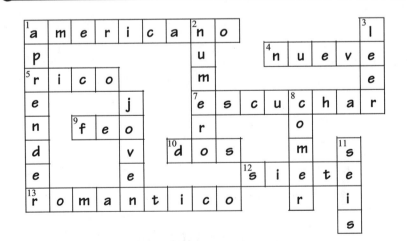

A	M	U	N	D	O	D	R	O	G
M	M	O	D	E	R	N	O	B	E
O	D	E	Q	D	R	I	C	O	V
L	E	E	R	V	E	R	C	N	E
F	N	R	E	I	H	A	D	I	I
Á	Í	B	M	F	C	M	O	T	N
C	D	O	O	L	P	A	S	O	T
I	R	P	C	O	S	C	N	S	E
L	A	R	E	R	R	O	C	O	X
F	J	R	U	B	I	O	F	E	O

9 adjectives

moderno   pobre
gordo   rubio
rico   americano
bonito   feo
fácil

4 verbs   **3 nouns**
ver   mundo
correr   jardín
leer   flor
comer

2 numbers
veinte
dos

Actividad C

Crossword (across/down):
1. americano
2. numerodos (down: n u m e r o d o s)
3. leee (down)
4. nueve
5. rico
7. escuchar
8. como (down)
9. feo
10. dos
11. seis (down)
12. siete
13. romantico

Actividad D

1. Elena
2. Federico
3. Jacinta
4. Máximo

Actividad E

1. trece insectos
2. veintiocho dólares
3. once
4. dieciséis
5. dieciocho

6. veintidós
7. cero
8. uno cinco cero nueve dos cero
9. cuatro ocho diecisiete cinco

Actividad F

1. nueve
2. veintidós catorce treinta
3. quince
4. veinte

5. cuatro tres seis ocho cinco siete
6. veintinueve
7. diecinueve trece veinticinco uno
8. dos nueve veintiocho

Actividad G

dos = trabajo fácil
tres = fortuna grande
cuatro = un auto moderno

cinco = casa bonita
seis = vida contenta
siete = muchos amigos

Actividad H

1. pobres
2. deliciosos
3. nuevo
4. últimos
5. bonitas
6. fáciles

Actividad I

1. a la
2. al
3. la
4. al
5. el
6. al
7. al
8. los

Actividad J

1. Voy a la clase.
2. Voy al fútbol.
3. Voy al jardín.
4. Voy a la escuela.

5. Voy al hospital.
6. Voy a la casa.
7. Voy al parque.

Actividad K

estudiante, pobre, rico, auto, la escuela, autobús,
muchachos, caminar, dinero, comprar, billete

Tercera Parte

Lección 10

Notes: Ask students to identify the professions of various famous people or to guess a profession being acted out by a student. Using forms of **ser** introduced in this lesson, students may describe themselves, friends, acquaintances, and various professions.

Optional Oral Exercises

A. Express the correct form of the verb **ser** with the subject you hear.

1. usted
2. los muchachos
3. Raúl
4. tú
5. ella

6. ustedes
7. yo
8. Ana
9. nosotros
10. Susana y Carmen

KEY

1. usted es
2. los muchachos son
3. Raúl es
4. tú eres
5. ella es

6. ustedes son
7. yo soy
8. Ana es
9. nosotros somos
10. Susana y Carmen son

B. Make the following sentences negative.

1. Las muchachas son americanas.
2. Usted es abogado.
3. Tú eres rubio.
4. Nosotros somos amigos.
5. Enrique y Marcos son populares.

6. Marta es baja.
7. Yo soy dentista.
8. Ellos son cubanos.
9. El perro es inteligente.
10. Ustedes son elegantes.

KEY

1. Las muchachas no son americanas.
2. Usted no es abogado.
3. Tú no eres rubio.
4. Nosotros no somos amigos.
5. Enrique y Marcos no son populares.

6. Marta no es baja.
7. Yo no soy dentista.
8. Ellos no son cubanos.
9. El perro no es inteligente.
10. Ustedes no son elegantes.

C. Change the following sentences to questions:

1. Las muchachas son americanas.
2. Usted es abogado.
3. Tú eres rubio.
4. Nosotros somos amigos.
5. Enrique y Marcos son populares.

6. Marta es baja.
7. Yo soy dentista.
8. Ellos son cubanos.
9. El perro es inteligente.
10. Ustedes son elegantes.

KEY

1. ¿Son americanas las muchachas?
2. ¿Es usted abogado?
3. ¿Eres tú rubio?
4. ¿Somos amigos nosotros?
5. ¿Son populares Enrique y Marcos?

6. ¿Es baja Marta?
7. ¿Soy yo dentista?
8. ¿Son cubanos ellos?
9. ¿Es inteligent el perro?
10. ¿Son elegantes ustedes?

D. Directed dialogue (See Lesson 5, Optional Oral Exercise D, for procedure.)

Pregúntele a un alumno (una alumna) si él (ella) es

1. tímido (-a)
2. popular
3. romántico (-a)
4. inteligente
5. rico (-a)

6. colombiano (-a)
7. alto (-a)
8. joven
9. moreno (-a)
10. perfecto (-a)

KEY

	STUDENT #1	STUDENT #2
1.	¿Eres tímido (-a)? ¿Es usted tímido (-a)?	Sí, soy tímido (-a).
2.	¿Eres popular? ¿Es usted popular?	Sí, soy popular.

3. ¿Eres romántico(-a)?　　　　　　　Sí, soy romántico(-a).
   ¿Es usted romántico(-a)?

4. ¿Eres inteligente?　　　　　　　　Sí soy inteligente.
   ¿Es usted inteligente?

5. ¿Eres rico(-a)?　　　　　　　　　Sí, soy rico(-a).
   ¿Es usted rico(-a)?

6. ¿Eres colombiano(-a)?　　　　　　Sí, soy colombiano(-a).
   ¿Es usted colombiano(-a)?

7. ¿Eres alto(-a)?　　　　　　　　　Sí, soy alto(-a).
   ¿Es usted alto(-a)?

8. ¿Eres joven?　　　　　　　　　　Sí, soy joven.
   ¿Es usted joven?

9. ¿Eres moreno(-a)?　　　　　　　Sí, soy moreno(-a).
   ¿Es usted moreno (-a)?

10. ¿Eres perfecto(-a)?　　　　　　Sí, soy perfecto(-a).
    ¿Es usted perfecto(-a)?

NOTE: The procedure for the directed dialogue may be extended to negative, plural, and third-person verb forms.

Key to Actividades

Actividad A

1. la doctora
2. el policía
3. el dentista
4. el enfermero
5. la vendedora
6. el secretario
7. la abogada
8. el cartero

Actividad B

1. la secretaria
2. el cantante
3. la policía
4. la mecánica
5. la abogada
6. la maestra
7. la enfermera
8. la dentista

Actividad C

(sample answers)

1. Alberto es mecánico.
2. Elena es enfermera.
3. Mi padre es médico.
4. Mi hermana es profesora.
5. Mi amigo Hernán es policía.

Actividad D

1. es	6. son
2. eres	7. son
3. es	8. son
4. es	9. somos
5. es	10. soy

Actividad E

1. ¿Es Manuel mexicano?   No, Manuel no es mexicano.
2. ¿Eres tú español(-a)?   No, yo no soy español(-a).
3. ¿Es ella secretaria?   No, ella no es secretaria.
4. ¿Es usted abogado?   No, yo no soy abogado.
5. ¿Es dentista María?   No, María no es dentista.
6. ¿Son jóvenes mis padres?   No, tus padres no son jóvenes.
7. ¿Son vendedores ellos?   No, ellos no son vendedores.
8. ¿Son ustedes los hermanos de José?   No, nosotros no somos los hermanos de José.
9. ¿Somos importantes nosotros?   No, nosotros no somos importantes.

Actividad F

1. Tú eres rubio.
2. Ud. es importante.
3. Nosotras somos bonitas.
4. Tú eres moreno.
5. Ellos no son altos.
6. Ellas son inglesas.
7. Ella es rica.
8. Yo soy inteligente.

Actividad G

1. No. Antonia es una alumna.
2. Sí
3. Sí
4. No. El padre de Antonia es mecánico.
5. No. Antonia es venezolana.
6. No. La madre de Antonia trabaja en un hospital.
7. No. Ella habla español en casa.
8. Sí.

Actividad H

1. No. Antonia es venezolana.
2. No. El padre de Antonia es mécanico.
3. Trabaja en un hospital.
4. No. El profesor tiene problemas con su auto.
5. Él es cómico.

Diálogo

Es mi hermana.
No, es policía.
Es un actor famoso. Tiene mucho dinero.
Yo soy un estudiante pobre.

Información personal
(sample answers)

1. famoso   3. cómico   5. alto(a)
2. alto   4. inteligente 6. morena

Vamos a conversar

Me llamo…
Hablo inglés, pero hablo español en casa.
Mi padre trabaja en un hospital.
Mi madre trabaja en casa.

Quick Quiz

1. Los clavadistas   3. tide   5. water level
2. 15   4. timing

Lección 11

Notes: The techniques used in Lesson 4 and 5 may be applied in this lesson on **-ir** verbs. To stimulate conversation, personalized questions my be extended beyond those provided in the text.

Key to Structures

2 ...

yo	abro
tú	abres
él, ella	abre
nosotros, nosotras	abrimos
Uds.	abren
ellos, ellas	abren

Optional Oral Exercises

A. Express the correct verb form with the subject you hear.

1. escribir: los alumnos
2. abrir: él
3. salir: yo
4. cubrir: usted
5. dividir: la niña

6. vivir: ellas
7. recibir: nosotros
8. salir: tú
9. sufrir: ustedes
10. dividir: los amigos

KEY

1. los alumnos escriben
2. él abre
3. yo salgo
4. usted cubre
5. la niña divide

6. ellas viven
7. nosotros recibimos
8. tú sales
9. ustedes sufren
10. los amigos dividen

B. Make the following sentences negative.

1. Alicia vive en España.
2. La secretaria sale de la oficina.
3. Nosotros cubrimos el automóvil.
4. Yo salgo con los amigos.
5. Usted sufre mucho.

6. Rosa y Ana dividen los números por dos.
7. La muchacha cubre la ventana.
8. El profesor abre el libro.
9. Ustedes reciben chocolates.
10. Nosotros escribimos a los abuelos.

KEY

1. Alicia no vive en España.
2. La secretaria no sale de la oficina.
3. Nosotros no cubrimos el automóvil.
4. Yo no salgo con los amigos.
5. Usted no sufre mucho.
6. Rosa y Ana no dividen los números por dos.
7. La muchacha no cubre la ventana.
8. El profesor no abre el libro.
9. Ustedes no reciben chocolates.
10. Nosotros no escribimos a los abuelos.

C. Change the following sentences to questions.

1. Alicia vive en España.
2. La secretaria sale de la oficina.
3. Nosotros cubrimos el automóvil.
4. Yo salgo con los amigos.
5. Usted sufre mucho.
6. Rosa y Ana dividen los números por dos.
7. La muchacha cubre la ventana.
8. El profesor abre el libro.
9. Ustedes reciben chocolates.
10. Nosotros escribimos a los abuelos.

KEY

1. ¿Vive Alicia en España?
2. ¿Sale la secretaria de la oficina?
3. ¿Cubrimos nosotros el automóvil?
4. ¿Salgo yo con los amigos?
5. ¿Sufre usted mucho?
6. ¿Dividen Rosa y Ana los números por dos?
7. ¿Cubre la muchacha la ventana?
8. ¿Abre el profesor el libro?
9. ¿Reciben ustedes chocolates?
10. ¿Escribimos nosotros a los abuelos?

D. Directed dialogue (See Lesson 5, Optional Oral Exercise D, for procedure.)

Pregúntele a un alumno (una alumna) si él (ella)

1. recibe el periódico
2. abre los libros en casa
3. sale de la escuela ahora
4. escribe a los amigos
5. sufre mucho

KEY

STUDENT #1	STUDENT #2
1. ¿Recibes el periódico?	Sí, recibo el periódico.
2. ¿Abres los libros en casa?	Sí, yo abro los libros en casa.
3. ¿Sales de la escuela ahora?	No, no salgo de la escuela ahora.
4. ¿Escribes a los amigos?	Sí, yo escribo a los amigos.
5. ¿Sufres mucho?	No, no sufro mucho.

Key to Actividades

Actividad A

yo	descubro	divido	recibo
tú	descubres	divides	recibes
Ud. él ella	descubre	divide	recibe
nosotros	descubrimos	dividimos	recibimos
Uds. ellos ellas	descubren	dividen	reciben

Actividad B

1. Tú vives con tu familia.
2. Ella escribe en el cuaderno.
3. Usted cubre la mesa.
4. Recibo una bicicleta.
5. Él abre la ventana.
6. Ellos descubren los chocolates.

Actividad C

1. j	**4.** g	**7.** o	**10.** m	**13.** e
2. i	**5.** k	**8.** n	**11.** f	**14.** a
3. b	**6.** l	**9.** d	**12.** h	**15.** c

Actividad D

1. salen
2. salgo de
3. sale
4. sales... de
5. salen
6. salimos
7. salen de

Actividad E

1. dice
2. dices
3. decimos
4. dices
5. dicen

Actividad F

1. a	**6.** b
2. a	**7.** a
3. c	**8.** c
4. a	**9.** c
5. a	**10.** a

Actividad G

1. salgo
2. deciden
3. leemos
4. visito
5. responde
6. reciben
7. bebes
8. abre
9. vivimos
10. deseo

Actividad H
(sample answers)

1. nosotros salimos
2. usted decide
3. yo leo
4. nosotros visitamos
5. ellas responden
6. él recibe
7. ustedes beben
8. ellas abren
9. yo vivo
10. nosotros corremos

Actividad I

1. veo
2. salgo
3. tengo
4. sé
5. soy
6. voy

Actividad J

1. a la casa
2. Sonora
3. momento
4. saber
5. entra   mira
6. saca
7. una gata
8. comprende

Actividad K

1. comemos
2. hablamos
3. vivimos
4. vemos
5. comprendemos
6. escribimos
7. leemos
8. aprendemos
9. salimos

Actividad L

vive, cine, tiene, rubia, la televisión, tiene, leer, ruido, sale, bueno, tiene, sacar, televisor

Diálogo

Sufro mucho.
Tengo mucho trabajo.
Escribo una historia de mi familia.
¡Claro! ¡Pero somos ocho personas!

Información personal
(sample answers)

1. Me llamo...
2. Soy norteamericano.
3. Vivo en New York.
4. Yo tengo un auto.
5. Somos tres hermanos en mi familia.
6. Se llaman Alice y John.
7. Mi padre es carpintero.
8. Mi padre trabaja cinco días por semana.
9. Mi mamá trabaja en una tienda.
10. Mis abuelos viven en New Jersey.

Vamos a conversar
(sample answers)

Vivo en la calle treinta.
Número ocho veintisiete.
Paso por aquí todos los días.
Yo no sé, pero dicen que nadie vive en la casa.

Quick Quiz

1. Caribbean
2. one thousand
3. 3 1/2 million   2 1/2 million
4. yellow rice with pork and pigeon peas
5. Nueva York   neoyorquino

Lección 12

Notes: We suggest that the teachers act out (or have students act out)—even to the point of exaggeration——various states of being, conditions, or situations to help students learn and practice the uses of **estar** and **ser**.

Practice in forms of **estar** and **ser** may involve first-person statements (*Ahora yo estoy triste. Nosotros somos ricos.*); second-person questions, with answers (*¿Estás contenta? ——Sí, estoy contenta. ¿Es Ud. profesora?—No, soy estudiante.*); and third-person descriptions (*El café está frío. Las muchachas son gordas.*).

Optional Oral Exercises

A. Express the correct form of the verb **estar** with the subject you hear. Complete the sentences indicating a location. You may use: **aquí, en la casa, en el parque, en la escuela...**

1. el padre	**6.** ustedes
2. nosotros	**7.** la señora
3. Carmen y Alicia	**8.** tú
4. yo	**9.** Juan
5. ellos	**10.** usted

KEY

1. El padre está en la casa.
2. Nosotros estamos aquí.
3. Carmen y Alicia están en el parque.
4. Yo estoy en la escuela.
5. Ellos están en la cafetería.

6. Ustedes están en la casa.
7. La señora está en la oficina.
8. Tú estás en el gimnasio.
9. Juan está en el parque.
10. Usted está en la calle.

B. Make the following sentences negative.

1. Yo estoy triste.
2. Usted está cansado.
3. El restaurante está abierto.
4. Ellas están en Puerto Rico.
5. La abuela está enferma.

6. Ustedes están en la clase.
7. Tú estás muy bien.
8. Nosotros estamos sentados.
9. El café está muy caliente.
10. Ella está en la oficina.

KEY

1. Yo no estoy triste.
2. Usted no está cansado.
3. El restaurante no está abierto.
4. Ellas no están en Puerto Rico.
5. La abuela no está enferma.

6. Ustedes no están en la clase.
7. Tú no estás muy bien.
8. Nosotros no estamos sentados.
9. El café no está muy caliente.
10. Ella no está en la oficina.

C. Change the following sentences to questions.

1. Yo estoy triste.
2. Usted está cansado.
3. El restaurante está abierto.
4. Ellas están en Puerto Rico.
5. La abuela está enferma.
6. Ustedes están en la clase.
7. Tú estás muy bien.
8. Nosotros estamos sentados.
9. El café está muy caliente.
10. Ella está en la oficina.

KEY

1. ¿Estoy yo triste?
2. ¿Está usted cansado?
3. ¿Está el restaurante abierto?
4. ¿Están ellas en Puerto Rico?
5. ¿Está la abuela enferma?
6. ¿Están ustedes en la clase?
7. ¿Estás tú muy bien?
8. ¿Estamos nosotros sentados?
9. ¿Está el café muy caliente?
10. ¿Está ella en la oficina?

D. Directed dialogue (See Lesson 5, Optional Oral Exercise D, for procedure.)

Pregúntele a un alumno (una alumna) si

1. está bien
2. la ventana está abierta
3. la profesora está en la clase
4. está contento(-a)
5. está sentado(-a)
6. está enfermo(-a)
7. está en Canadá
8. la profesora está sentada
9. está cansado(-a)
10. está en la clase de español

STUDENT #1	STUDENT #2
1. ¿Está bien?/¿Está Ud. bien?	Sí, estoy bien.
2. ¿Está la ventana abierta?	No, la ventana no está abierta.
3. ¿Está la profesora en la clase?	Sí, la profesora está en la clase.
4. ¿Estás contento(-a)?	Sí, estoy contento(-a).
5. ¿Estás sentado(-a)?	Sí, estoy sentado(-a).
7. ¿Estás en Canadá?	No, no estoy en Canadá.
8. ¿Está la profesora sentada?	Sí, la profesora está sentada.
9. ¿Estás cansado(-a)?	No, no estoy cansado(-a).
10. ¿Estás en la clase de español?	Sí, estoy en la clase de español.

Buenos días
(To the melody of "Frère Jacques")

The singers can be divided into four groups. The first group begins at 1; the second begins with "Buenos días" when the first group is at 2; the third group begins at 1 when the first group is at 3, and the fourth begins when the first group is at 4. Each group stops after singing the entire canon twice.

Key to Actividades

Actividad A

1. están (location)
2. está (health)
3. estamos (temporary condition)
4. está (health)
5. están (health)
6. está (location)
7. están (temporary condition)
8. están (temporary condition)
9. estoy (temporary condition)
10. está (health)

Actividad B

1. El médico está en el hospital.
2. Ellas son abogadas.
3. Mi abuelo es mecánico.
4. El agua está caliente.
5. Las ventanas están cerradas.
6. ¿Es mexicana la muchacha?

Actividad C

1. ¿Está caliente la sopa?
2. ¿Están frías las sodas?
3. ¿Es buena la música?
4. ¿Están abiertas las ventanas?
5. ¿Están sentadas las muchachas?
6. ¿Están todos contentos?

Actividad D

1. está
2. casa, enferma
3. sufre
4. médico
5. está
6. es
7. estás, estás
8. es
9. hay
10. está

Actividad E

(sample answers)

El doctor es viejo y feo.
Mañana hay un examen.
Rosita está muy enferma.

Actividad F

1. Yo estoy bien.   2. ¿Dónde está mi automóvil?   3. La puerta está abierta.

Actividad G

1. Marie es francesa.   2. Somos mecánicos.   3. Mi hermana es rubia.

Actividad H

1. está
2. soy
3. es
4. es
5. están
6. son
7. es
8. estamos
9. está
10. son

Diálogo

estás
enferma
pasa
comer
un resfriado
enferma
estudiar
a la escuela
Gracias

Preguntas personales

1. Estoy contento cuando estoy con mis amigos.
2. Mi escuela esta en la calle…
3. Veo cinco programas.
4. Soy serio generalmente.

Información personal

Yo soy alto(a).
Soy responsable.
Me gusta la música rock.
Soy moreno(a).
Soy muy popular.

Vamos a conversar

Estoy enfermo.
No deseo comer.
Sí, sufro mucho.
Está bien. Muchas Gracias.

Quick Quiz

1. Miami
2. Cuba
3. Calle Ocho
4. beef
5. moros y cristianos

Lección 13

Notes: This lesson dealing with "how to tell time" has been organized in such a way that teachers can progress as quickly or as slowly as class readiness requires. The basic clock patterns are presented one at a time, along with separate sets of **actividades**. A large model clock may be useful for audiolingual practice. Personalized conversation may be encouraged by having students pass the clock around while they ask each other when they perform certain activities.

Key to Structures

1

7:00	Son las siete.
8:00	Son las ocho.
9:00	Son las nueve.
10:00	Son las diez.
11:00	Son las once.
12:00	Son las doce.

How do you say "What time is it?" in Spanish? *¿Qué hora es?* What are the words for "it is" when saying "it is one o'clock"? *Es la* What are the words for "it is" when saying any other hour? *Son las* How do you say "It is noon"? *Es mediodía* . How do you say "It is midnight"? *Es medianoche.*

2

5:05	Son las cinco y cinco.
6:05	Son las seis y cinco.
7:05	Son las siete y cinco
8:05	Son las ocho y cinco.
7:10	Son las siete y diez.
8:10	Son las ocho y diez.
10:20	Son las diez y veinte.
1:25	Es la una y veinticinco.

How do you express time after the hour? *We use* **y** *and add the minutes.*

3:06	Son las tres y seis.
4:13	Son las cuatro y trece.
5:22	Son las cinco y veintidós

3

4:55	Son las cinco menos cinco
5:55	Son las seis menos cinco.
6:55	Son las siete menos cinco.
6:50	Son las siete menos diez.
12:35	Es la una menos veinticinco.

How do you express time before the hour? *We use **menos** and subtract the minutes from the next hour.*

| 7:44 | Son las ocho menos dieciséis. |
| 8:51 | Son las nueve menos nueve. |

4

5:15	Son las cinco y cuarto.
6:15	Son las seis y cuarto
7:15	Son las siete y cuarto.
8:15	Son las ocho y cuarto.
4:45	Son las cinco menos cuarto.
5:45	Son las seis menos cuarto.
6:45	Son las siete menos cuarto.
7:45	Son las ocho menos cuarto.

What is the special word for "a quarter"?   *cuarto*   How do you say "a quarter after"? *y cuarto*   How do you say "a quarter before"?   *menos cuarto*   The words "quarter" and "four" in Spanish are similar. What is the difference? *In cuarto (quarter) the "r" goes before the "t", whereas in cuatro (four), it goes after.*

5:30	Son las cinco y media.
6:30	Son las seis y media.
7:30	Son las siete y media.
8:30	Son las ocho y media.

What is the special word for "half past"?   *media*   How do you express "half past the hour"?   *y media*

5 If you want to express "at" a certain time, which Spanish word must you use before the time?   *a*

How do you express "in the morning" or "A.M." in Spanish?   *de la mañana*   How do you express "in the afternoon" or "P.M."?   *de la tarde*   How do you express "in the evening" or "P.M."?   *de la noche*

Optional Oral Exercises

A. Give these times in Spanish. (Teacher may give the times in English or display them on a clock.)

1.	3:05	**7.**	2:10
2.	6:35	**8.**	5:15
3.	9:20	**9.**	11:55
4.	4:45	**10.**	1:40
5.	7:30	**11.**	12:25
6.	10:50	**12.**	9:55

KEY

1. Son las tres y cinco.
2. Son las siete menos veinticinco.
3. Son las nueve y veinte.
4. Son las cinco menos cuarto.
5. Son las siete y media.
6. Son las once menos diez.

7. Son las dos y diez.
8. Son las cinco y cuarto.
9. Son las doce menos cinco.
10. Son las dos menos veinte.
11. Son las doce y veinticinco.
12. Son las diez menos cinco.

B. Write the time you hear.

1. Son las seis menos cuarto.
2. Son las diez y veinticinco.
3. Son las doce y media.
4. Son las ocho menos veinte.
5. Son las tres y diez.
6. Son las nueve menos cinco.

7. Son las cuatro y cuarto
8. Son las dos y veinte.
9. Son las cinco menos diez.
10. Es la una y cinco.
11. Son las siete menos veinte.
12. Es mediodía.

KEY

1.	5:45	**7.**	4:15
2.	10:25	**8.**	2:20
3.	12:30	**9.**	4:50
4.	7:40	**10.**	1:05
5.	3:10	**11.**	6:40
6.	8:55	**12.**	12:00

Key to Actividades

Actividad A

1.	1:45	**6.**	9:20
2.	7:30	**7.**	2:50
3.	11:10	**8.**	4:35
4.	12:15	**9.**	10:13
5.	1:15	**10.**	3:31

Actividad B

1. Son las tres y veinte.
2. Son las diez menos cinco.
3. Son las cuatro y media.
4. Son las once menos cuarto.
5. Son las siete menos veinticinco.

6. Son las dos y veinticinco.
7. Son las dos menos diez.
8. Es la una menos veinte.
9. Son las cinco y dieciséis.
10. Son las nueve menos dieciocho.

Actividad C

1. Las tres menos diez.
2. Las seis y veinte.
3. La una y diez.
4. Las cuatro y cuarto.
5. Las diez menos veinticinco.

6. Las siete y veinticinco.
7. Las once menos cuarto.
8. Las doce y media.
9. Las tres y cinco.
10. Las seis menos veinte.

Actividad E

1. Son las siete menos veinticinco de la noche.
2. Son las dos y cuarto de la mañana.
3. Son las cuatro menos cuarto de la tarde.
4. Son las ocho menos cinco de la mañana.
5. Son las diez y veinticinco de la noche.
6. Son las cinco y diez de la tarde.

Actividad F

1. b	**3.** a	**5.** a	**7.** c	**9.** c
2. c	**4.** c	**6.** c	**8.** b	**10.** a

Actividad G

1. Francisco habla con Pepe.
2. Son las nueve y cuarto.
3. Ella dice que no hay problema.
4. Tiene un examen en la clase de matemáticas.
5. Porque el profesor López está ausente.

Actividad H

1. mañana, tarde
2. tardes, noches
3. mañana
4. mañana
5. tarde, noche
6. tarde, noche
7. tardes, mañana

Información personal

1. las ocho
2. las nueve y media
3. las tres y media
4. las siete
5. las seis

Diálogo

¿Qué hora es?
Son las cuatro y cuarto.
Hay un programa importante en la televisión.
¿Qué programa?
Es una película cómica.
¿Cómo se llama?
Yo deseo ver la película también.

Vamos a conversar

Son las nueve y media.
La clase es a las nueve.
Voy a estar en clase a las nueve.
Sí. Voy a comprar un reloj nuevo.

Escríbalo
(sample answer)

> Salgo de mi casa a las siete y media. Empiezo mis clases a las ocho. Como a las doce. Salgo de la escuela a las tres.

Quick Quiz

1. 24-hour
2. A.M., P.M.
3. cuatro y media
4. 5:30
5. 8:15

Repaso III (Lecciones 10-13)

Key to Actividades

Actividad A

1. médico
2. abogada
3. dentista
4. mecánico
5. policía
6. secretaria
7. cantante
8. cartero

Actividad B

1. salen
2. recibe
3. abre
4. cubrimos
5. entra
6. escribe
7. dividen
8. descubre

Actividad C

1. No. Tengo mucho trabajo.
2. No. Soy abogado.
3. No. Salgo a las ocho.
4. No. Tengo calor.
5. No. Soy alumno.
6. No. Estoy contento.
7. No. soy inteligente.
8. No. Estoy muy bien.
9. No. Voy al parque.

Actividad D

Conchita, ¿vamos al parque mañana a las tres de la tarde? Carlos.

Actividad E

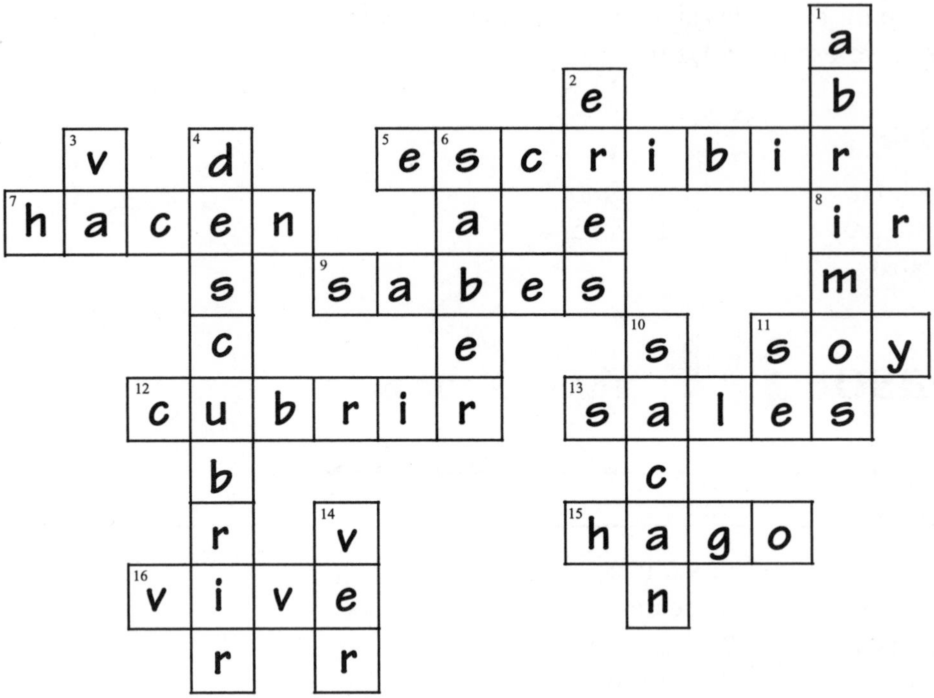

The crossword puzzle answers:

- 1 (down): a b r i r
- 2 (down): e a e s
- 3 (down): v
- 4 (down): d e s c r i b r (descubrir)
- 5 (across): e s c r i b i r
- 6 (down): s e s
- 7 (across): h a c e n
- 8 (down): i r / i m o y
- 9 (across): s a b e s
- 10 (down): s a c n
- 11 (across): s o y
- 12 (across): c u b r i r
- 13 (across): s a l e s
- 14 (down): v e r
- 15 (across): h a g o
- 16 (across): v i v e

Actividad F

1. Ella es abogada.
2. Ellos están enfermos.
3. Él está cansado.
4. Ellos son policías.
5. Él es feo.
6. Él está triste.
7. La puerta está abierta.
8. Él es mexicano.
9. Ella es rubia.
10. Ellos están en el parque.

Actividad G

(Answers will vary.)

Actividad H

diez, gordo, moreno, casa, alto, rubio, escuela, escribo, clase, médico, policía, mecánico, autos, casa, comida, fría, triste, comer, padre, corro

Cuarta Parte

Lección 14

Notes: A game of "Simon says," or a funny Halloween movable scarecrow or similar figure may help students learn and practice the parts of the body.

To practice forms of **tener**, students may talk about the things they possess, using vocabulary from this and earlier lessons.

Optional Oral Exercises

A. ¿Qué es esto? (Teacher points to parts of the body indicated in the Key.)

KEY

1. Es la mano.
2. Es la cabeza.
3. Es la boca.
4. Es la nariz.
5. Son los ojos.
6. Es la pierna.
7. Es el pie.
8. Es la cara.

B. Express the correct form of the verb **tener** with the subject you hear. Complete the sentences using one of the following: **una casa, razón, un lápiz**...

1. usted
2. yo
3. los padres
4. tú
5. Roberto
6. ustedes
7. nosotros
8. María y Víctor
9. ella
10. ellas

KEY

1. Usted tiene razón.
2. Yo tengo un libro.
3. Los padres tienen un auto.
4. Tú tienes una bicicleta.
5. Roberto tiene un lápiz.

6. Ustedes tienen un auto nuevo.
7. Nosotros tenemos un examen.
8. María y Víctor tienen muchos amigos.
9. Ella tiene un perro.
10. Ellas tienen poco dinero.

C. Make the following sentences negative.

1. Él tiene el cuaderno.
2. Nosotros tenemos los papeles.
3. Ellas tienen el pelo rubio.
4. Yo tengo la nariz grande.
5. Usted tiene un hermano.

6. Vicente tiene los ojos bonitos.
7. José y Ana tienen hambre.
8. El perro tiene sed.
9. Ustedes tienen quince años.
10. Tú tienes un examen hoy.

KEY

1. Él no tiene el cuaderno.
2. Nosotros no tenemos los papeles.
3. Ellas no tienen el pelo rubio.
4. Yo no tengo la nariz grande.
5. Usted no tiene un hermano.

6. Vicente no tiene los ojos bonitos.
7. José y Ana no tienen hambre.
8. El perro no tiene sed.
9. Ustedes no tienen quince años.
10. Tú no tienes un examen hoy.

D. Change the following sentences to questions.

1. Él tiene el cuaderno.
2. Nosotros tenemos los papeles.
3. Ellas tienen el pelo rubio.
4. Yo tengo la nariz grande.
5. Usted tiene un hermano.

6. Vicente tiene los ojos bonitos.
7. José y Ana tienen hambre.
8. El perro tiene sed.
9. Ustedes tienen quince años.
10. Tú tienes un examen hoy.

KEY

1. ¿Tiene él el cuaderno?
2. ¿Tenemos nosotros los papeles?
3. ¿Tienen ellas el pelo rubio?
4. ¿Tengo yo la nariz grande?
5. ¿Tiene usted un hermano?
6. ¿Tiene Vicente los ojos bonitos?

7. ¿Tienen José y Ana hambre?
8. ¿Tiene el perro sed?
9. ¿Tienen ustedes quince años?
10. ¿Tienes tú un examen hoy?

E. Directed dialogue (See Lesson 5, Optional Oral Exercise D, for procedure.)

Pregúntele a un alumno (una alumna, unos alumnos, unas alumnas) si él (ella, ellos, ellas) tiene(n)

1. hambre
2. sed
3. sueño
4. calor
5. frío

KEY

STUDENT #1	STUDENT #2
1. ¿Tienes hambre?	Sí, tengo hambre.
¿Tiene usted hambre?	
¿Tienen ustedes hambre?	Sí, tenemos hambre.
2. ¿Tienes sed?	Sí, tengo sed.
¿Tiene usted sed?	
¿Tienen ustedes sed?	Sí, tenemos sed.
3. ¿Tienes sueño?	Sí, tengo sueño.
¿Tiene usted sueño?	
¿Tienen ustedes sueño?	Sí, tenemos sueño.
4. ¿Tienes calor?	No, no tengo calor.
¿Tiene usted calor?	
¿Tienen ustedes calor?	No, no tenemos calor.
5. ¿Tienes frío?	No, no tengo frío.
¿Tiene usted frío?	
¿Tienen ustedes frío?	No, no tenemos frío.

Key to Actividades

Actividad A

1. la mano	**5.** la cara	**9.** el pelo
2. la oreja	**6.** la cabeza	**10.** el pie
3. la boca	**7.** la nariz	**11.** la pierna
4. los ojos	**8.** el brazo	**12.** el dedo

Actividad B

1. Los ojos son para ver.	**5.** Los pies son para correr.
2. Las piernas son para caminar.	**6.** Los oídos son para escuchar.
3. Las manos son para trabajar.	**7.** Los dedos son para escribir.
4. La boca es para hablar.	

Actividad C

1. Es un laboratorio en una ciudad misteriosa.
2. Todos los habitantes están tristes.
3. Los soldados no desean combatir al dictador.
4. Rosalinda tiene una idea.
5. Sí.
6. Sí.
7. Sí.

Actividad D

Actividad E

1. el pelo	**6.** la nariz
2. la mano	**7.** las orejas
3. los ojos	**8.** el pie
4. la boca	**9.** los dientes
5. el dedo	**10.** la cabeza

Actividad F

la pierna	✓	la cabeza	✓
la boca	✓	el brazo	✓

Actividad H

1. Ella, Él	**5.** Tú
2. Ustedes, Ellos, Ellas	**6.** Nosotros
3. Yo	**7.** Tú
4. Usted, Él, Ella	**8.** Usted, Él, Ella

Actividad I

1. Ellas tienen la cara bonita.	**6.** El robot tiene dos cabezas.
2. Ellos tienen el pelo rubio.	**7.** Yo tengo las piernas flacas.
3. Tengo las orejas pequeñas.	**8.** Ud. tiene los pies grandes.
4. Él tiene el pelo negro.	**9.** Él tiene la nariz fea.
5. Tú tienes la boca perfecta.	**10.** Ud. tiene las manos delicadas.

Actividad J

1. tienen	**5.** tenemos
2. tiene	**6.** tienes
3. tiene	**7.** tienen
4. tengo	**8.** tiene

Actividad K

El Ratón Miguelito   (Mickey Mouse)

Actividad L

1. el mono
2. el perro
3. el león
4. el camello
5. el burro
6. el gato
7. el elefante
8. el tigre

Actividad N

1. El niño tiene sueño.
2. Tiene frío.
3. Tenemos sed.
4. Tengo hambre.
5. Tienen calor.
6. Tiene doce años.

Actividad O

1. b
2. b
3. c
4. a

Actividad P

1. b
2. d
3. f
4. e
5. h
6. i
7. a
8. c
9. h
10. g

Actividad Q
(sample answers)

1. ¡Claro que sí!
2. Sí, deseo ver la película.
3. Sí, tengo tiempo.
4. Gracias. Vamos hoy.
5. Sí, vamos.
6. ¿Por qué no?

Diálogo

1. Me duele la garganta.
2. Me duele la pierna.
3. Tengo sueño.
4. Me duele el brazo.
5. Me duele la cabeza.

Preguntas Personales
(sample answers)

1. Tengo catorce años.
2. Sí, tengo mucha hambre.
3. Sí, siempre tengo razón.
4. Tengo sueño a las siete de la mañana.

Quick Quiz

1. drawing a semicircle with the hand
2. a crowded place
3. affectionate
4. shaking hands, palmada
5. different

Lección 15

Note: Use the calendar and weather scenes to practice the days, months, and seasons. These topics lend themselves to extended personalized conversation about which days, months, and seasons students prefer and why.

In this context, students should not be expected to use expressions with the verb **hacer,** which will be presented later, in Lesson 20. The conversations, the text, and the accompanying **actividades**, along with the personalized practice, provide sufficient models for oral expression.

Key to Structures

6 Expressing the date in Spanish. To express the date, use: **Es** + **el** + (date) + **de** + (month). To express the date when speaking of the first day of the month use: **Es** + **el** + **primero** + **de** + (month). If you want to include the day of the week: **Es lunes, tres de mayo**: **Es** + (day) + (date) + **de** + (month).

Optional Oral Exercises

A. Give the day that comes before the day you hear.

1. domingo
2. viernes
3. sábado
4. martes
5. jueves
6. lunes
7. miércoles

KEY

1. sábado
2. jueves
3. viernes
4. lunes
5. miércoles
6. domingo
7. martes

B. Give the day that comes after the day you hear.

1. viernes
2. sábado
3. martes
4. domingo
5. lunes
6. miércoles
7. jueves

KEY

1. sábado	**5.** martes
2. domingo	**6.** jueves
3. miércoles	**7.** viernes
4. lunes	

C. Give the month that comes before the month you hear.

1. mayo	**5.** febrero	**9.** enero
2. noviembre	**6.** octubre	**10.** marzo
3. agosto	**7.** julio	**11.** diciembre
4. junio	**8.** septiembre	**12.** abril

KEY

1. abril	**5.** enero	**9.** diciembre
2. octubre	**6.** septiembre	**10.** febrero
3. julio	**7.** junio	**11.** noviembre
4. mayo	**8.** agosto	**12.** marzo

D. Give the month that comes after the month you hear.

1. mayo	**5.** junio	**9.** abril
2. agosto	**6.** noviembre	**10.** diciembre
3. febrero	**7.** enero	**11.** marzo
4. octubre	**8.** septiembre	**12.** julio

KEY

1. junio	**5.** julio	**9.** mayo
2. septiembre	**6.** diciembre	**10.** enero
3. marzo	**7.** febrero	**11.** abril
4. noviembre	**8.** octubre	**12.** agosto

E. **¿Cuál es la fecha de hoy?** (Give the date in English or point to the date on a calendar).

1. Friday, May 5	**5.** Sunday, March 1
2. Thursday, April 22	**6.** Monday, August 16
3. Tuesday, July 30	**7.** Wednesday, June 11
4. Saturday, January 12	

KEY

1. Hoy es viernes, cinco de mayo.
2. Hoy es jueves, veintidós de abril.
3. Hoy es martes, treinta de julio.
4. Hoy es sábado, doce de enero.

5. Hoy es domingo, primero de marzo.
6. Hoy es lunes, dieciséis de agosto.
7. Hoy es miércoles, once de junio.

F. Give the seasons for these months.

1. marzo
2. octubre
3. agosto

4. enero
5. septiembre
6. mayo

7. diciembre
8. junio
9. febrero

10. abril
11. noviembre
12. julio

KEY

1. la primavera
2. el otoño
3. el verano

4. el invierno
5. el otoño
6. la primavera

7. el invierno
8. el verano
9. el invierno

10. la primavera
11. el otoño
12. el verano

Key to Actividades

Actividad A

1. domingo
2. martes

3. viernes
4. jueves

5. miércoles
6. lunes

7. sábado

Actividad B

1. lunes/miércoles
2. miércoles/viernes

3. viernes/domingo
4. domingo/martes

Actividad C

(Answers will vary.)

Actividad D

1. d
2. e

3. f
4. a

5. b
6. c

Actividad E

1. Carlos practica tenis.
2. Victoria prefiere ir a las clases.
3. Guadalupe tiene una clase de computadoras.

4. Pía ve una película.
5. Andrés no desea ir a la escuela.
6. José ve el fútbol en la televisión.

Actividad E

1. Es miércoles.	**5.** Es martes.
2. Es lunes.	**6.** Es sábado.
3. Es domingo.	**7.** Es miércoles.
4. Es jueves.	**8.** Es viernes.

Actividad G

(Answers will vary.)

Actividad H

1. septiembre	**4.** abril	**7.** junio	**10.** octubre
2. julio	**5.** diciembre	**8.** agosto	**11.** marzo
3. mayo	**6.** febrero	**9.** noviembre	**12.** enero

Actividad I

1. abril	**4.** agosto	**7.** mayo
2. noviembre	**5.** enero	**8.** febrero
3. diciembre	**6.** junio	**9.** septiembre

Actividad J

1. el otoño	**3.** el verano
2. la primavera	**4.** el invierno

Actividad K

1. diciembre	**5.** el otoño
2. el otoño	**6.** el invierno
3. la primavera	**7.** el verano
4. el verano	

Actividad L

1. Gabriela	**4.** Pepe
2. en la primavera	**5.** la primavera
3. octubre	

Actividad M

1. Hay muchas flores bonitas en la primavera.
2. La Navidad es en el invierno.
3. Prefiere el verano porque hay vacaciones.
4. Pepe desea ver el fútbol en el otoño.
5. Mónica desea ir a la escuela en el otoño.
6. Gabriela prefiere el invierno porque hace frío.
7. Rodrigo va al parque en la primavera.

Actividad N

(Answers will vary.)

Actividad O

1. la primavera	5. la primavera	9. la primavera
2. el verano	6. el verano	10. el verano
3. el invierno	7. el otoño	11. el otoño
4. el otoño	8. el invierno	12. el invierno

Actividad P

1. el cuatro de junio
2. el once de enero
3. el quince de mayo
4. el veintiuno de diciembre
5. el veintisiete de septiembre
6. el treinta de abril
7. martes, catorce de febrero
8. jueves, siete de agosto
9. domingo, treinta y uno de marzo
10. lunes, primero de noviembre
11. miércoles, dieciséis de julio
12. sábado, trece de octubre

Actividad Q

1. El cuatro de julio
2. El domingo, (date) de mayo
3. El veinticinco de diciembre
4. El día de mi cumpleaños
5. Hoy es (day), (date) de (month)

Diálogo
(sample answers)

abril
Voy al parque para ver las flores.
¿Cómo celebras tu cumpleaños?
¡Qué bueno!

Vamos a conversar

Es jueves, trece de junio.
Muchas gracias.
La fiesta es mañana, el diez.
A las cuatro de la tarde.

Quick Quiz

1. saints
2. Santo
3. Carmen
4. Name
5. birthday

Lección 16

Notes: Use pictures of the parts of a house (or even a dollhouse) to introduce or practice the vocabulary in this lesson. Practice the possessive adjectives introduced here with all suitable lexical elements learned up to this point. Directed-dialogue techniques previously suggested for verb practice are equally suitable for possessives:

TEACHER OR STUDENT #1	Pregúntele a un alumno (una alumna) si es su libro.
STUDENT #2	¿Es tu (su) libro?
STUDENT #3	Sí, es mi libro.
CLASS IN UNISON	Es su libro.

This procedure may also be used with negative responses, plural forms, or any combination of possessives:

TEACHER OR STUDENT #1	Pregúntele a un alumno (una alumna) si son sus libros.
STUDENT #2	¿Son tus (sus) libros?
STUDENT #3	No, no son mis libros.
CLASS IN UNISON	No son sus libros.

Key to Structures

3 . . . Look at the nouns in the left column. Underline them. Are these nouns singular or plural? *singular* What does **mi** mean? *my* Here's the rule: There are two words in Spanish for *my*: **mi** and **mis**. **Mi** is used when it refers to a singular noun, **mis** is used when the noun is plural.

. . . What do **tu** and **tus** mean? *your* When do you use **tu**? *before a singular noun* When do you use **tus**? *before a plural noun* When you use **tu** or **tus**, are you being familiar or formal? *familiar*

. . . When do you use **su**? *before a singular noun* When do you use **sus**? *before a plural noun*

. . . Which subject pronouns do **nuestro, nuestros, nuestra, nuestras** bring to mind? *nosotros, nosotras* What do **nuestro, nuestros, nuestra, nuestras** mean? *our*

When do you use **nuestro?** *Before a masculine singular noun.*
                    nuestros? *Before a masculine plural noun.*
                    nuestra? *Before a feminine singular noun.*
                    nuestras? *Before a feminine plural noun.*

Optional Oral Exercises

A. Repeat the sentence using the possessive adjective **mi** or **mis** in place of the definite article.

1. Es la madre.
2. Es la cama.
3. Son las sillas.
4. Es el apartamento.
5. Son los hermanos.
6. Es la lámpara.
7. Es el sofá.
8. Son los consejeros.

KEY

1. Es mi madre.
2. Es mi cama.
3. Son mis sillas.
4. Es mi apartamento.
5. Son mis hermanos.
6. Es mi lámpara.
7. Es mi sofá.
8. Son mis consejeros.

B. Repeat the sentence using the possessive adjective **tu** or **tus** in place of the definite article

1. Es el amigo.
2. Son las hermanas.
3. Es la casa.
4. Es el dormitorio.
5. Son los abuelos.
6. Es el profesor.
7. Es el gato.
8. Son las fotos.

KEY

1. Es tu amigo.
2. Son tus hermanas.
3. Es tu casa.
4. Es tu dormitorio.
5. Son tus abuelos.
6. Es tu profesor.
7. Es tu gato.
8. Son tus fotos.

C. Repeat the sentence using the possessive adjective **nuestro, nuestra, nuestros**, or **nuestras** in place of the definite article.

1. Es la televisión.
2. Es el cuarto de baño.
3. Son las bicicletas.
4. Es la comida.
5. Son los cuadernos.
6. Son las amigas.
7. Es el comedor.
8. Son los padres.

KEY

1. Es nuestra televisión.
2. Es nuestro cuarto de baño.
3. Son nuestras bicicletas.
4. Es nuestra comida.
5. Son nuestros cuadernos.
6. Son nuestras amigas.
7. Es nuestro comedor.
8. Son nuestros padres.

D. Change the sentence to express possession with the possessive adjective **su** or **sus**.

1. Es el hijo del señor Campos.
2. Son los abuelos de Rosa.
3. Es el disco de Roberto.
4. Es la casa de los señores Gómez.
5. Son las hermanas de Pablo.
6. Es el profesor de ustedes.
7. Son los lápices de usted.
8. Es la cama de Felipe.

KEY

1. Es su hijo.
2. Son sus abuelos.
3. Es su disco.
4. Es su casa.
5. Son sus hermanas.
6. Es su profesor.
7. Son sus lápices.
8. Es su cama.

E. Directed dialogue (See Lesson 5, Optional Oral Exercise D, for procedure.)

Pregúntele a un alumno (una alumna) si él (ella)

1. tiene su dormitorio.	**4.** sale con sus hermanos.
2. estudia sus lecciones.	**5.** usa su diccionario.
3. trabaja en su casa.	**6.** vende sus libros viejos.

STUDENT #1	STUDENT #2
1. ¿Tienes tu dormitorio? ¿Tiene usted su dormitorio?	Sí, tengo mi dormitorio.
2. ¿Estudias tus lecciones? ¿Estudia usted sus lecciones?	Sí, estudio mis lecciones.
3. ¿Trabajas en tu casa? ¿Trabaja usted en su casa?	Sí, trabajo en mi casa.
4. ¿Sales con tus hermanos? ¿Sale usted con sus hermanos?	Sí, salgo con mis hermanos.
5. ¿Usas tu diccionario? ¿Usa usted su diccionario?	Sí, uso mi diccionario.
6. ¿Vendes tus libros viejos? ¿Vende usted sus libros viejos?	Sí, vendo mis libros viejos.

NOTE: This procedure may also be used with negative responses and any combination of possessives.

Key to Actividades

Actividad A

1. el cuarto de baño	**6.** la lámpara
2. la cama	**7.** la casa
3. la silla	**8.** la cocina
4. el sofá	**9.** el dormitorio
5. la sala	**10.** la mesa

Actividad B

(sample responses)

1. en la sala	**7.** en la sala
2. en la sala	**8.** en el dormitorio
3. en la sala	**9.** en la cocina
4. en la sala	**10.** en la sala
5. en el comedor	**11.** en el dormitorio
6. en la sala	**12.** en la cocina

Actividad C

el sofá	el reloj
la silla	los libros
la lámpara	el gato
el televisor	el radio

Actividad D

(sample answers)

Vivo en la calle doce.
Sí, vivo en un apartamento.
No, no tengo patio.
Sí, tengo ventanas.
Sí, hay un reloj en mi casa. Está en la cocina.
Estudio en mi dormitorio.
Veo la televisión en la sala.

Actividad E

1. el reloj de cocina	**5.** el papá de Pepe
2. la lámpara del comedor	**6.** la radio de Rosa
3. la familia de Roberto	**7.** el jardín de la abuela
4. el perro de Anita	

Actividad F

1. mis	**3.** mi	**5.** mis	**7.** mi	**9.** mis
2. mi	**4.** mis	**6.** mis	**8.** mi	**10.** mi

Actividad G

1. mi abuela
2. mi hermana
3. mi abuela
4. mis hermanos
5. mis abuelos

Actividad H

1. tu
2. tus
3. tus
4. tu
5. tu
6. tus
7. tus
8. tu
9. tu
10. tus

Actividad I

1. su
2. su
3. sus
4. su
5. su
6. sus
7. sus
8. su
9. su
10. sus

Actividad J

1. su hermano
2. su hermano
3. su padre
4. sus hijos
5. tus flores
6. su secretaria
7. sus automóviles
8. su doctor
9. sus lámparas
10. su abuelo

Actividad K

1. nuestro
2. nuestro
3. nuestra
4. nuestros
5. nuestras
6. nuestras
7. nuestra
8. nuestro
9. nuestros
10. nuestras

Actividad L

1. mis
2. tu
3. nuestros
4. sus
5. sus
6. mi
7. su
8. su
9. nuestro
10. tus

Actividad M

1. tu periódico
2. nuestra ciudad
3. mi auto
4. mi dinero
5. tus manos
6. nuestra sala
7. sus periódicos
8. sus amigas
9. su médico
10. nuestros cuerpos

Actividad N
(sample answers)

Está en el garaje.	Está en el banco.
Están en la mesa.	Está en la cocina.
Están en la escuela.	Están en el escritorio.
Está en la mesa.	Está en el cine.
Están en la escuela.	Está en la casa.

Actividad O

1. un sofá
2. pequeño
3. azul
4. las camas

5. la cocina
6. dos o tres
7. trabajo
8. comprende

Diálogo

pluma	pluma, la mesa
cuaderno	cuaderno, la cama
libros	libros, el televisor
dinero	dinero

Vamos a conversar

El dormitorio no es grande. No necesito muchas cosas.
Un sofá, una silla y un escritorio.
También necesito una lámpara.
Mañana.

Quick Quiz

1. 1781
2. the angels
3. Mexican-American
4. Los Angeles
5. Olvera Street

Lección 17

Notes: Mastery of numbers to 100 can be achieved through counting by 2s, 3s, 4s, 5s, and so on; by counting play money (preferably Spanish); or by having students give simple math problems to one another.

Optional Oral Exercises

A. Write down the number you hear in Spanish.

1. veintitrés
2. cuarenta y siete
3. sesenta y ocho
4. cincuenta y cuatro
5. treinta y dos

6. setenta y dos
7. ochenta y cinco
8. trece
9. noventa y seis
10. cien

KEY

1. 23	**3.** 68	**5.** 32	**7.** 85	**9.** 96
2. 47	**4.** 54	**6.** 72	**8.** 13	**10.** 100

B. Give the number that comes after the number you hear.

1. veintiséis
2. cuarenta
3. sesenta y dos
4. diez
5. cincuenta y cuatro

6. treinta y ocho
7. noventa y nueve
8. noventa y uno
9. setenta y tres
10. ochenta y siete

KEY

1. veintisiete
2. cuarenta y uno
3. sesenta y tres
4. once
5. cincuenta y cinco

6. treinta y nueve
7. cien
8. noventa y dos
9. setenta y cuatro
10. ochenta y ocho

C. Give the number that comes before the number you hear.

1. cincuenta y nueve	**6.** sesenta y siete
2. cuarenta	**7.** dieciséis
3. noventa y seis	**8.** ochenta y cuatro
4. veintitrés	**9.** setenta y siete
5. ochenta y uno	**10.** treinta y cinco

KEY

1. cincuenta y ocho	**6.** sesenta y seis
2. treinta y nueve	**7.** quince
3. noventa y cinco	**8.** ochenta y tres
4. veintidós	**9.** setenta y seis
5. ochenta	**10.** treinta y cuatro

D. ¿Cuántos son...

1. veinte y treinta?	**5.** treinta y cincuenta?
2. cien menos cuarenta?	**6.** sesenta menos treinta?
3. ochenta dividido por dos?	**7.** cien dividido por cinco?
4. dos por siete?	**8.** siete por once?

KEY

1. Veinte y treinta son cincuenta.
2. Cien menos cuarenta son sesenta.
3. Ochenta dividido por dos son cuarenta.
4. Dos por siete son catorce.
5. Treinta y cincuenta son ochenta.
6. Sesenta menos treinta son treinta.
7. Cien dividido por cinco son veinte.
8. Siete por once son setenta y siete.

Key to Actividades

Actividad A

1. 71	**4.** 96	**7.** 93	**10.** 71
2. 47	**5.** 84	**8.** 62	**11.** 98
3. 31	**6.** 59	**9.** 35	**12.** 87

Actividad B

1. 80		**3.** 71		**5.** 57		**7.** 35		**9.** 16
2. 43		**4.** 24		**6.** 61		**8.** 84		**10.** 90

Actividad C

(Answers will vary.)

Actividad D

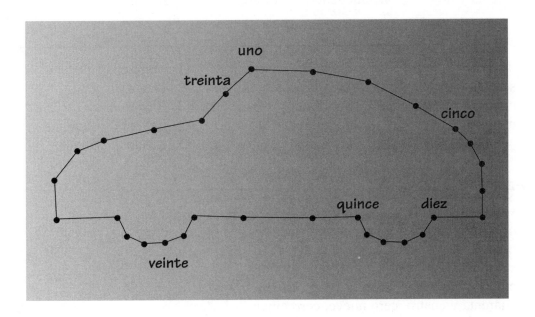

Actividad E

1. Arregla un problema en el automóvil.
2. Prepara la comida en casa.
3. Cuida a los niños.
4. Arregla la puerta del garaje.

Actividad F

veintitrés, noventa y nueve, setenta y seis, treinta, dieciséis, dieciocho, treinta y cinco, noventa y nueve, noventa y nueve, veintitrés

Actividad G

1. cincuenta
2. ochenta
3. ochenta
4. trece
5. seis
6. diez
7. veintisiete
8. treinta
9. catorce
10. veinte
11. doce
12. siete

Actividad H

1. noventa y cinco
2. setenta y dos
3. sesenta
4. cincuenta
5. cuarenta
6. treinta
7. veintinueve
8. quince
9. catorce
10. trece

Actividad I

1. doce
2. sesenta y tres
3. cincuenta y uno
4. cuarenta y nueve
5. catorce
6. noventa y tres
7. setenta y ocho
8. treinta y seis
9. quince
10. ochenta
11. veinticuatro
12. setenta y seis
13. diecinueve
14. ochenta y siete
15. noventa y nueve

Actividad J

1. veintiuno, cincuenta y tres, cuarenta y nueve
2. ochenta y cinco, sesenta, setenta y cuatro
3. noventa y uno, veintitrés, ochenta y seis
4. veintinueve, treinta y nueve, setenta y dos
5. cincuenta y ocho, cuarenta y seis, treinta y tres
6. cuarenta y cuatro, cero nueve, cero cinco

Actividad K
(sample answers)

1. veinte
2. diez
3. veinte
4. cien
5. cuarenta
6. treinta
7. cincuenta
8. sesenta

Diálogo
(sample answers)

Necesitas ganar dinero.   Puedes cuidar niños, contetar teléfonos....
Buena suerte.

Información personal

(sample answers)

1. mi abuelo: sesenta años.
2. cuarenta y ocho veinticinco
3. tres, cinco, siete, uno, cero, cuatro, nueve

4. ochenta y cinco
5. veinticuatro
6. siete

Vamos a conversar

Necesitamos trabajar.   Cuatro o cinco dólares por hora.
Cuidar niños.   Es una buena idea. Vamos a ganar mucho dinero.

Quick Quiz

1. una ganga   3. high   5. less
2. price   4. lower

Repaso IV (Lecciones 14-17)

Actividad A

			t	e
d	i	e	n	
		p	i	e
		p	e	l	o
		n	a	r	i	z
	o	r	e	j	a
p	i	e	r	n	a
b	o	c	a	
c	a	b	e	z	a
b	r	a	z	o	
	m	a	n	o

Actividad B

(sample answers)

1. El número es el cincuenta y cinco cincuenta y siete.
2. Mi número de teléfono es el dos cuatro siete —treinta y cinco veinticuatro.
3. Tengo catorce años.
4. Mi padre (abuelo) tiene cincuenta años y mi madre (abuela) tiene cuarenta y cinco.
5. En español recibo ochenta, en inglés recibo setenta y ocho, en matemáticas sesenta.
6. Cuesta veinte dólares.
7. Para el fútbol, treinta dólares. Para el concierto, veinticinco. Para el cine, ocho.
8. Setenta grados.
9. Ciento treinta y cinco.

Actividad C

1. Tiene frío.
2. Tiene miedo.
3. Tiene hambre.
4. Tiene sueño.
5. Tiene calor.
6. Tiene sed.

Actividad D

1. tiene
2. tiene
3. tienen
4. tengo
5. tenemos
6. tienes
7. tiene
8. tiene

Actividad E

(facing page)

Actividad F

1. el cuatro de julio
2. el primero de enero
3. el veinticinco de diciembre
4. el treinta y uno de octubre

Actividad G

1. el comedor
2. el garaje
3. el dormitorio
4. la ventana
5. la sala
6. el cuarto de baño
7. la cocina

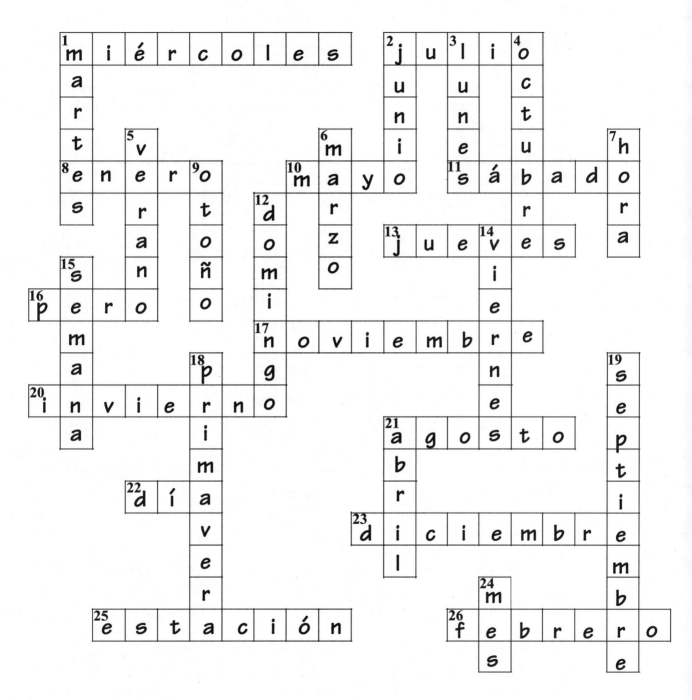

Actividad H

1. Está en la sala.
2. Está en la cocina.
3. Está en el dormitorio.
4. Está en el garaje.

5. Están en la sala.
6. Está en la sala.
7. Está en la cocina.

8. Están el la sala.
9. Está en el dormitorio.
10. Está en el banco.

Actividad I

Actividad J

1. a las siete menos veinticinco
2. a las nueve menos cinco
3. a las cuatro y media

4. a las nueve
5. a las siete menos cuarto

Actividad K

1. sus
2. tu
3. su
4. sus
5. su
6. sus
7. su
8. nuestro
9. nuestras
10. nuestras

Actividad L

El pobre Paco está enfermo. Él va al médico/doctor con su madre. El médico/doctor trabaja en el hospital. Él examina al muchacho. Él examina los ojos, la la nariz, la boca de Paco. El doctor pregunta: — ¿Tienes dolor de cabeza? Paco dice: — Sí. El médico/doctor dice: —Paco, estás enfermo. Necesitas estar en cama una semana. No vas a ir a la escuela. Paco está triste. — Me gusta la clase de español.

Quinta Parte

Lección 18

Notes: Empty food containers or pictures may supplement the illustrations in this lesson on food. Encourage students to speak about foods they like or do not like, those they eat in school and those they prepare at home. This lesson provides opportunities for Spanish, Mexican, or other Hispanic food sampling, a make-believe meal or a picnic in class.

Teachers may wish, consistent with student readiness, to use a wall map of Spain, Mexico, Central America, or South America to point out areas with which certain foods and dishes are identified. Students may also be asked to draw maps and locate the areas and specialities on them.

Ask students which things they like. Example: **¿Te gusta el helado de chocolate o de vainilla?** Student answers: **Me gusta el helado de chocolate. No me gusta el helado de vainilla**.

Key to Structures

2 . . . How many things are referred to in each example in the left column? *one* How many things are referred to in the examples in the right column? *more than one* What do both **me gusta** and **me gustan** mean? *I like*

Optional Oral Exercises

A. Tell someone in Spanish that you like the following foods.

1. la ensalada
2. el pescado
3. las legumbres
4. el helado de chocolate
5. las papas fritas
6. la sopa
7. el jugo de naranja
8. la leche
9. el pan
10. el queso
11. las frutas
12. la carne

KEY

1. Me gusta la ensalada.
2. Me gusta el pescado.
3. Me gustan las legumbres.
4. Me gusta el helado de chocolate.
5. Me gustan las papas fritas.
6. Me gusta la sopa.
7. Me gusta el jugo de naranja.
8. Me gusta la leche.
9. Me gusta el pan.
10. Me gusta el queso.
11. Me gustan las frutas.
12. Me gusta la carne.

B. Make the following sentences negative.

1. Me gusta el sandwich de queso.
2. Te gustan las salchichas.
3. Le gusta comer mucho.
4. Nos gusta el invierno.
5. Les gusta la música ruidosa.

KEY

1. No me gusta el sandwich de queso.
2. No te gustan las salchichas.
3. No le gusta comer mucho.
4. No nos gusta el invierno.
5. No les gusta la música ruidosa.

C. Directed dialogue (See Lesson 5, Optional Oral Exercise D, for procedure.)

Pregúntele a un alumno (una alumna) se a él (ella) le gusta(n)…

1. estudiar español
2. comer en un restaurante
3. los huevos duros
4. el cine
5. las fiestas
6. el café
7. comprar discos
8. mirar la televisión
9. los helados
10. sus amigos

KEY (sample responses)

STUDENT #1	STUDENT #2
1. ¿Te gusta estudiar español?	Sí, me gusta estudiar español.
2. ¿Te gusta comer en un restaurante?	Sí, me gusta comer en un restaurante.
3. ¿Te gustan los huevos duros?	No, no me gustan los huevos duros.
4. ¿Te gusta el cine?	Sí, me gusta el cine.
5. ¿Te gustan las fiestas?	Sí, me gustan las fiestas.
6. ¿Te gusta el café?	No, no me gusta el café.
7. ¿Te gusta comprar discos?	Sí, me gusta comprar discos.
8. ¿Te gusta mirar la televisión?	No, no me gusta mirar la televisión.
9. ¿Te gustan los helados?	Sí, me gustan los helados.
10. ¿Te gustan tus amigos?	Sí, me gustan mis amigos.

Key to Actividades

Actividad A

1. el pan
2. el helado
3. el queso
4. la carne
5. la leche
6. la ensalada
7. el jugo de naranja
8. el pescado

Actividad B

1. la sopa
2. el agua
3. el queso
4. los vegetales
5. la mantequilla
6. el pollo
7. las papas
8. la salchicha

Actividad C

1. el
2. la
3. el
4. los
5. la
6. el
7. los
8. el
9. el
10. las
11. la
12. el
13. la
14. las
15. el
16. la

Actividad D

PARA COMER   PARA BEBER

arroz   agua
papas   café
pescado   chocolate caliente
pollo   jugo de naranja
queso   leche

Actividad E

1. gusta   3. gustan   5. gusta
2. gustan   4. gusta   6. gustan

Actividad F
(sample answers)

1. Me gusta ver las películas de ciencia-ficción.
2. Me gusta practicar fútbol.
3. Me gusta comer papas fritas.
4. Sí, me gustan mucho las películas de acción.
5. Me gusta ir al parque.
6. Me gustan las clases de español y de música.
7. No me gusta trabajar en casa.
8. Me gusta la música rock.
9. Me gusta bailar.
10. Me gusta ir a la playa.

Actividad G
(review of previous activity)

Actividad H

1. Le gustan las frutas.
2. Le gusta la televisión.
3. Nos gusta comer.
4. Les gusta hablar por teléfono.
5. Les gusta cantar.
6. Te gusta el helado.
7. Le gustan los automóviles.
8. Les gustan los gatos.
9. Les gusta la película.
10. Le gusta leer.

Actividad L

1. No le gusta la fruta.
2. No le gusta la televisión.
3. No nos gusta comer.
4. No les gusta hablar por teléfono.
5. No les gusta cantar.
6. No te gusta el helado.
7. No le gustan los automóviles.
8. No les gustan los gatos.
9. No les gusta la película.
10. No le gusta leer.

Actividad J

1. Tú quieres una ensalada.
2. Ella quiere fruta.
3. Ustedes quieren una docena de huevos.
4. El niño quiere una salchicha.
5. Nosotros queremos pan.
6. María quiere un helado de vainilla.
7. Ellos quieren un vaso de leche.
8. Yo quiero mucho dinero.

Actividad K

1. Quiere una ensalada de lechuga y tomate y una soda.
2. Quiere arroz con pollo.
3. Quiere beber un jugo de naranja.
4. No tiene carne.
5. Es un restaurante vegetariano.

Diálogo

Tengo mucha hambre. ¿Qué hay hoy?
No me gusta el pescado.
No quiero un sandwich.
Un bistec con papas fritas.

Preguntas personales
(sample answers)

1. Me gusta comer fruta.
2. Sí, me gustan los vegetales y las legumbres.
3. Sí, me gusta la fruta.
4. No me gustan los perros calientes.
5. Me gustan fritas.

Información personal
(sample answers)

1. Me gusta comer pescado.
2. Me gusta comer sopa.
3. Me gusta comer pasta.
4. Me gusta comer helado.
5. Me gusta comer pastel.

Las cinco diferencias

huevos, jugo de naranja, fruta, vaso de leche, pan

Vamos a conversar

Sí. Quiero una hamburguesa con queso.
Sí. Una ensalada de lechuga y tomate.
Un vaso de jugo.
Bien. Tengo mucha hambre.

Quick Quiz

1. light breakfast
2. milk, coffee
3. churro
4. tortillas
5. eggs

Lección 19

Notes: Articles of clothing hung on a clothesline or rope across the front of the classroom (or pictures of such articles) will be useful in introducing and practicing the vocabulary in this lesson. Both the teacher and the students may use crayons or colored paper to practice the names of colors. The two lexical groups (clothes and colors) combine naturally for such practice. Students may be asked to describe what they are wearing or what is shown in magazine advertisements. This practice also involves the reinforcement of possessive adjectives. The teacher may ask a student: **¿Tu camisa es azul?** The student answers: **No, mi camisa no es azul. Es blanca.** Or the teacher asks: **¿Tu blusa es roja?** The student answers: **No es roja. Es negra.** Agreement of adjectives is a natural part of such practice.

Optional Oral Exercises

A. Repeat each noun with the correct definite article.

1. sombrero	**6.** blusa
2. guantes	**7.** suéter
3. ropa	**8.** medias
4. zapatos	**9.** pantalones
5. vestido	**10.** traje

KEY

1. el sombrero	**6.** la blusa
2. los guantes	**7.** el suéter
3. la ropa	**8.** las medias
4. los zapatos	**9.** los pantalones
5. el vestido	**10.** el traje

B. Form sentences with the following words, using the correct Spanish for my: (The teacher may hold up a piece of colored paper and a small article of clothing or an illustration.)

EXAMPLE: blusa — blanca   Mi blusa es blanca.

1. sombrero — gris	**6.** corbata — roja
2. pantalones — blancos	**7.** guantes — negros
3. camisa — rosada	**8.** falda — anaranjada
4. chaqueta — azul	**9.** medias — azules
5. suéter — amarillo	**10.** abrigo — verde

KEY

1. Mi sombrero es gris.
2. Mis pantalones son blancos.
3. Mi camisa es rosada.
4. Mi chaqueta es azul.
5. Mi suéter es amarillo.
6. Mi corbata es roja.
7. Mis guantes son negros.
8. Mi falda es anaranjada.
9. Mis medias son azules.
10. Mi abrigo es verde.

Key to Actividades

Actividad A

Man: corbata, abrigo, guantes, sombrero, zapatos
Woman: sombrero, medias, zapatos
Boy: gorra, camisa, suéter, pantalones, zapatos
Girl: blusa, falda, zapatos

NOTE TO TEACHERS: You may wish to tell students that **medias cortas** is equivalent to *socks* in Spanish America. **Calcetines** is rarely used.

Actividad B

1. el sombrero
2. la chaqueta
3. el vestido
4. los zapatos
5. los pantalones
6. la falda
7. la blusa
8. las medias
9. el abrigo
10. la camisa
11. los guantes
12. el suéter
13. la corbata
14. el traje

Actividad C

1. el vestido rojo
2. el suéter amarillo
3. el abrigo negro
4. la blusa anaranjada
5. la corbata azul
6. el traje marrón
7. la falda verde
8. la camisa blanca

Actividad D

1. los vestidos blancos
2. los guantes grises
3. las blusas amarillas
4. los zapatos negros
5. las medias azules
6. las camisas rosadas
7. las corbatas rojas
8. las gorras marrones

Actividad E

1. Es gordo y grande.
2. Necesita un tamaño extra-grande.
3. Está contento.
4. Necesita muchos artículos de ropa.
5. Quiere cuatro pares de pantalones.
6. Sí.
7. La ropa es para él.
8. Sí.
9. Sí.
10. Él necesita perder peso.

Actividad F

1. esta	**3.** esta	**5.** esta	**7.** este	**9.** esta	**11.** este
2. esa	**4.** esa	**6.** esa	**8.** ese	**10.** esa	**12.** ese

Actividad G

1. estos	**3.** estos	**5.** estos	**7.** estas	**9.** estos
2. esos	**4.** esos	**6.** esos	**8.** esas	**10.** esos

Actividad H

camisas, suéter, chaqueta, corbata, zapatos, pantalones, guantes, gorra

Actividad I

guantes, sombrero, suéter, calcetines, traje, zapatos

Diálogo

Señor, busco una chaqueta azul.
Sí, quiero también dos pares de calcetines.
Prefiero los negros.

Información personal

(sample answers)

Me gusta mi camisa blanca.
Mis pantalones azules son bonitos.
Mi chaqueta verde es vieja.

Me gusta mi gorra marrón.
Mis zapatos blancos son fantásticos.

Vamos a conversar

Busco un par de pantalones grises.
Quiero una chaqueta azul, no muy barata.

Sí, un par de zapatos marrones.
También un par de calcetines grises.

Quick Quiz

1. musicians
2. cowboy
3. hired
4. sombreros
5. serenade

Lección **20**

Notes: Use pictures and a calendar to practice the vocabulary in this lesson. The optional oral exercises for this lesson suggest techniques for practicing **hacer** in different contexts.

Key to Structures

3 . . .

yo	hago	nosotros	hacemos
tú	haces	nosotras	hacemos
Ud.	hace	Uds.	hacen
él	hace	ellos	hacen
ella	hace	ellas	hacen

Optional Oral Exercices

A. Answer the following questions in complete Spanish sentences.

    1. ¿Qué tiempo hace en la primavera?
    2. ¿Qué tiempo hace en el otoño?
    3. ¿Qué tiempo hace en el invierno?
    4. ¿Qué tiempo hace en el verano?

KEY

    1. Hace buen tiempo en la primavera.
    2. Hace viento en el otoño.
    3. Hace frío en el invierno.
    4. Hace calor en el verano.

B. Tell in which season the following weather occurs.

    1. Hace mal tiempo.   **5.** Hace calor.
    2. Hace buen tiempo.   **6.** Hace viento.
    3. Llueve.   **7.** Nieva.
    4. Hace sol.   **8.** Hace frío.

KEY

1. Hace mal tiempo en el otoño.
2. Hace buen tiempo en la primavera.
3. Llueve en la primavera.
4. Hace sol en el verano.
5. Hace calor en el verano.
6. Hace viento en el otoño.
7. Nieva en el invierno.
8. Hace frío en el invierno.

C. Express the correct form of the verb **hacer** with the subject you hear.

1. ellos
2. nosotros
3. María
4. yo
5. ella
6. ustedes
7. tú
8. Juan
9. usted
10. Carmen y Rosa

KEY

1. ellos hacen
2. nosotros hacemos
3. María hace
4. yo hago
5. ella hace
6. ustedes hacen
7. tú haces
8. Juan hace
9. usted hace
10. Carmen y Rosa hacen

D. Make the following sentences negative.

1. Ellos hacen las tareas.
2. Mi madre hace la comida.
3. Ricardo hace un sandwich de queso.
4. Tú haces muecas.
5. Yo hago una figura de nieve.
6. Nosotros hacemos una ensalada.
7. Hace calor hoy.
8. La profesora hace muchas preguntas.
9. Usted hace su cama.
10. Ustedes hacen un pastel.

KEY

1. Ellos no hacen las tareas.
2. Mi madre no hace la comida.
3. Ricardo no hace un sandwich de queso.
4. Tú no haces muecas.
5. Yo no hago una figura de nieve.
6. Nosotros no hacemos una ensalada.
7. No hace calor hoy.
8. La profesora no hace muchas preguntas.
9. Usted no hace su cama.
10. Ustedes no hacen un pastel.

E. Change the following sentences to questions.

1. Ellos hacen las tareas.
2. Mi madre hace la comida.
3. Ricardo hace un sandwich de queso.
4. Tú haces muecas.
5. Yo hago una figura de nieve.
6. Nosotros hacemos una ensalada.
7. Hace calor hoy.
8. La profesora hace muchas preguntas.
9. Usted hace su cama.
10. Ustedes hacen un pastel.

KEY

1. ¿Hacen ellos las tareas?
2. ¿Hace mi madre la comida?
3. ¿Hace Ricardo un sandwich de queso?
4. ¿Haces tú muecas?
5. ¿Hago yo una figura de nieve?
6. ¿Hacemos nosotros una ensalada?
7. ¿Hace calor hoy?
8. ¿Hace la profesora muchas preguntas?
9. ¿Hace usted su cama?
10. ¿Hacen ustedes un pastel?

F. Make the following sentences negative.

1. Yo voy al supermercado.
2. Carmen y Rosa van al cine.
3. Los niños van a la playa.
4. El profesor va a la escuela.
5. Mi hermana va al teatro.
6. Ustedes van a la fiesta.
7. Tú vas al aeropuerto.
8. Nosotros vamos a España.
9. Usted va a su apartamento.
10. Mis padres van al restaurante.

KEY

1. Yo no voy al supermercado.
2. Carmen y Rosa no van al cine.
3. Los niños no van a la playa.
4. El profesor no va a la escuela.
5. Mi hermana no va al teatro.
6. Ustedes no van a la fiesta.
7. Tú no vas al aeropuerto.
8. Nosotros no vamos a España.
9. Usted no va a su apartamento.
10. Mis padres no van al restaurante.

G. Directed dialogue (See Lesson 5, Optional Oral Exercise D, for procedure.)

Pregúntele a un alumno (una alumna)…

1. qué tiempo hace hoy
2. dónde hace sus tareas
3. qué hace en el invierno
4. qué hace en el verano
5. si hace su cama
6. si va a la playa en agosto
7. si va al cine con sus amigos
8. si hace fresco en el verano
9. si va a la escuela en automóvil
10. si hace sus tareas inmediateamente

KEY

STUDENT #1	STUDENT #2
1. ¿Qué tiempo hace hoy?	Hoy hace viento.
2. ¿Dónde haces tus tareas?	Hago mis tareas en casa.
3. ¿Qué haces en el invierno?	Voy a esquiar en el invierno.
4. ¿Qué haces en el verano?	Voy a un campamento en el verano.
5. ¿Haces tu cama?	No, no hago mi cama.
6. ¿Vas a la playa en agosto?	No, no voy a la playa en agosto.
7. ¿Vas al cine con tus amigos?	Sí, voy al cine con mis amigos.
8. ¿Hace fresco en el verano?	No, no hace fresco en el verano.
9. ¿Vas a la escuela en automóvil?	Sí, voy a la escuela en automóvil.
10. ¿Haces tus tareas inmediatamente?	Sí, hago mis tareas inmediatamente.

Teachers may wish to expand upon these procedures with more personalized materials.

Key to Actividades

Actividad A

1. Hace frío./Nieva./Es invierno.
2. Es primavera./Hace buen tiempo.
3. Hace mal tiempo./Llueve.
4. Es primavera./Llueve.
5. Es verano./Hace calor./Hace sol.
6. Hace viento.
7. Es invierno./Hace frío.
8. Hace buen tiempo./Hace sol.

Actividad B

1. Es otoño./Hace fresco.
2. Hace sol./Hace calor.
3. Hace viento.
4. Es invierno./Hace frío./Nieva
5. Llueve.
6. Es invierno./Hace frío.
7. Es verano. Hace calor.
8. Hace calor. Es verano.

Actividad C

1. Hace fresco.
2. Hace buen tiempo.
3. Hace mal tiempo.
4. Es invierno.
5. Hace calor.
6. Es verano.
7. Llueve.
8. Es primavera.

Actividad D

1. Mauricio Maltiempo
2. viento
3. nieve
4. mucho frío
5. buen tiempo
6. ciudad
7. buen
8. tiempo

Actividad E

1. Hacen una figura de nieve.
2. Mamá hace un pastel.
3. Ellas hacen su trabajo.
4. Hace calor.
5. Hace buen tiempo.
6. Hago una blusa.

Actividad F

(sample answers)

1. Hace buen tiempo.
2. Bebo una soda fría.
3. Hago bolas de nieve.
4. A las siete de la noche.
5. En el invierno.

Actividad G

1. van a la escuela
2. van a una fiesta
3. va a comer
4. va a pagar
5. voy al dentista
6. va a cantar
7. vamos al parque
8. vas a escribir

Actividad H

1. Lupita va al concierto el sábado.
2. El domingo va a la fiesta de cumpleaños de Juan.
3. Porque no hay clases.
4. Lunes, martes, jueves, viernes.
5. No, el lunes va a la lección de judo.
6. El martes va al dentista.
7. Tiene examen el jueves y el viernes.
8. No, el viernes tiene examen de español.
9. El miércoles va a la escuela de judo.
10. No, el sábado va al concierto de música mexicana.

Actividad L

1. ¿Adónde van Luis y Mónica?
2. ¿Adónde van ustedes?
3. ¿Con quiénes vas al parque?
4. ¿Cuándo van a salir ellas?
5. ¿Adónde va de vacaciones?
6. ¿Quién va a la cocina?
7. ¿Cuándo va a terminar la actividad?

Actividad J

(sample answers)

1. Lucía va a comprar una blusa.
2. Yo voy a ganar mucho dinero.
3. Ellos van a comer todo.
4. Juan y yo vamos a mirar la televisión.
5. La mamá va abrir la puerta.
6. Yo voy a estar contento.

Diálogo

¿No te gusta el verano?
¿Quieres ir a la playa?

¿Entonces quieres ir a patinar?
No hay problema. Yo soy un instructor muy bueno.

Información personal

(a)
1. Hace fresco.
2. Hace frío.
3. Hace frío.
4. Llueve mucho.
5. Hace mucho calor.

(b)
1. beber una soda fría
2. ir a la playa
3. ir al parque
4. ver la televisión
5. ir a esquiar

Vamos a conversar

Hace mucho frío.
Vamos a esquiar.
Hace calor en el verano.
Prefiero el calor porque me gusta ir a la playa.

Quick Quiz

1. Puerto Rico
2. 28,000
3. 200
4. parrot
5. tree frog

Lección 21

Notes: Teachers may prefer to present the vocabulary in this lesson in two parts, depending on the level of readiness of the class. Use pictures to help with class practice.

Optional Oral Exercises

A. Repeat each noun with the definite article.

1. mono	**3.** vaca	**5.** león	**7.** gallina	**9.** pato
2. cerdo	**4.** caballo	**6.** tigre	**8.** elefante	**10.** pez

KEY

1. el mono	**5.** el león	**9.** el pato
2. el cerdo	**6.** el tigre	**10.** el pez
3. la vaca	**7.** la gallina	
4. el caballo	**8.** el elefante	

B. Express the correct form of the verb **decir** with the subject you hear.

1. nosotros	**5.** el periódico	**9.** el médico
2. yo	**6.** mis abuelos	**10.** ellas
3. usted	**7.** tú	
4. Roberto	**8.** ustedes	

KEY

1. nosotros decimos	**5.** el periódico dice	**9.** el médico dice
2. yo digo	**6.** mis abuelos dicen	**10.** ellas dicen
3. usted dice	**7.** tú dices	
4. Roberto dice	**8.** ustedes dicen	

C. Make these sentences negative.

1. Él dice que el español es difícil.	**6.** Rosa y Carlos dicen que son amigos.
2. Nosotros decimos la verdad.	**7.** Usted dice que quiere salir.
3. La radio dice que hace frío.	**8.** La niña dice que quiere comer.
4. Ustedes dicen que van al parque.	**9.** Ellos dicen que tienen dinero.
5. Yo digo muchas cosas.	**10.** Tú dices que estás enfermo.

KEY

1. Él no dice que el español es difícil.
2. Nosotros no decimos la verdad.
3. La radio no dice que hace frío.
4. Ustedes no dicen que van al parque.
5. Yo no digo muchas cosas.
6. Rosa y Carlos no dicen que son amigos.
7. Usted no dice que quiere salir.
8. La niña no dice que quiere comer.
9. Ellos no dicen que tienen dinero.
10. Tú no dices que estás enfermo.

D. Change these sentences to questions.

1. Él dice que el español es difícil.
2. Nosotros decimos la verdad.
3. La radio dice que hace frío.
4. Ustedes dicen que van al parque.
5. Yo digo muchas cosas.
6. Rosa y Carlos dicen que son amigos.
7. Usted dice que quiere salir.
8. La niña dice que quiere comer.
9. Ellos dicen que tienen dinero.
10. Tú dices que estás enfermo.

KEY

1. ¿Dice él que el español es difícil?
2. ¿Decimos nosotros la verdad?
3. ¿Dice la radio que hace frío?
4. ¿Dicen ustedes que van al parque?
5. ¿Digo yo muchas cosas?
6. ¿Dicen Rosa y Carlos que son amigos?
7. ¿Dice usted que quiere salir?
8. ¿Dice la niña que quiere comer?
9. ¿Dicen ellos que tienen dinero?
10. ¿Dices tú que estás enfermo?

E. Directed dialogue (See Lesson 5, Optional Oral Exercise D, for procedure.)

Pregúntele a un alumno (una alumna) si…

1. le gustan los animales
2. va al parque zoológico
3. dice siempre la verdad
4. tiene peces en casa
5. los leones son grandes
6. quiere tener un caballo
7. dice que hoy es domingo
8. dice que el mono es feroz
9. tiene un perro inteligente
10. dice que el pato vive en el agua

STUDENT #1	STUDENT #2
1. ¿Te gustan los animales?	Sí, me gustan los animales.
2. ¿Vas al parque zoológico?	Sí, voy al parque zoológico.
3. ¿Dices siempre la verdad?	No, no digo siempre la verdad.
4. ¿Tienes peces en casa?	No, no tengo peces en casa.
5. ¿Son grandes los leones?	Sí, los leones son grandes.
6. ¿Quieres tener un caballo?	Sí, quiero tener un caballo.
7. ¿Dices que hoy es domingo?	No, no digo que hoy es domingo.
8. ¿Dices que el mono es feroz?	No, no digo que el mono es feroz.
9. ¿Tienes un perro inteligente?	Sí, tengo un perro inteligente.
10. ¿Dices que el pato vive en el agua?	Sí, digo que el pato vive en el agua.

Key to Actividades

Actividad A

1. el ratón
2. el cerdo
3. el caballo
4. el león
5. la vaca
6. el pájaro
7. el mono
8. el tigre
9. la gallina
10. el elefante

Actividad B

1. el perro
   el gato
2. el pez
   el pájaro

3. el caballo
   la vaca
   el cerdo
   la gallina
   el toro

4. el león
   el tigre
   el mono
   el elefante

Actividad C

1. c	**3.** g	**5.** i	**7.** h	**9.** j
2. a	**4.** f	**6.** d	**8.** e	**10.** b

Actividad D

1. un caballo
2. una vaca
3. un toro

4. unos pájaros
5. una gallina
6. un cerdo

Actividad E

1. un mono
2. un ratón
3. un pájaro

4. un pez
5. un caballo
6. un león

Actividad F

1. Es el fin de semestre.
2. Va al zoológico.
3. Van a ver leones, tigres, monos, pájaros y elefantes.
4. Hay caballos, vacas, cerdos y gallinas.
5. Un guardia llega media hora más tarde.
6. Quieren dar de comer a los animales salvajes.
7. No. Dice que los estudiantes son peligrosos.

Actividad G

1. digo
2. dices
3. dicen

4. decimos
5. dices

Actividad H

1. Digo que hoy es lunes.
2. Ana María dice que tenemos mucho tiempo.
3. El meteorólogo dice que va a llover mañana.
4. ¿Tú dices que tienes razón?
5. Dicen que el examen es muy difícil.
6. ¿Qué decimos al profesor si no hacemos nuestras tareas?

Actividad I

1. Tú dices que el cerdo es inteligente.
2. Yo digo que no es estúpido.
3. Él dice que es peligroso.
4. Las muchachas dicen que dan de comer al caballo.
5. Dicen que el mono es cómico.
6. Elena dice que es tarde.
7. Nosotros decimos adiós.

Diálogo

El tiempo está perfecto para patinar.   Claro, si salimos ahora.
No. Y no hace mucho frío.   Sí, vamos ahora mismo.

Información personal
(Answers will vary.)

Vamos a conversar

Claro que sí.   Vamos hoy.
Quiero ver el león, el tigre y los monos.   ¡Estupendo!

Escríbalo
(sample answers)

El gato es pequeño. No come mucho. Es muy inteligente. Es muy bonito. Le gusta jugar.

Quick Quiz

1. Ecuador   2. turtle   3. lizards   4. far away   5. protected

Repaso V (Lecciones 18-21)

Actividad A

el jugo de naranja	el helado	el pollo
el queso	la carne	la leche
la fruta	el pescado	los huevos

Actividad B

1. papel
2. arroz
3. policía
4. azul

Actividad C

1 d	e	2 c	i	m	o	s		3 v		4 q	u	e	r	e	m	o	5 s
e		i						e		u					8 c		u
6 p	a	n	7 t	a	l	o	n	e	s	e					c		p
o		e	m					t		s			9 t	r	a	j	e
r			10 v	a	n			i		o				m			r
11 t	ú		r		12 n	o		d				13 r		i			m
e		14 g	r	i	s		15 d	o	m	i	n	g	o		s		e
s			l									s		a			r
	16 s	í		17 l	e	18 g	u	19 m	b	20 r	e	s	a				c
	o			o		a		o		o		d					a
	p				t			n		j		o		22 v			d
22 a	b	r	i	g	o			o		a		23 p	e	s	c	a	d	o

Actividad **D**

1. el pastel	**7.** el pollo	**13.** lechuga
2. el helado	**8.** la carne	**14.** la fruta
3. la leche	**9.** la naranja	**15.** los sandwiches
4. el agua	**10.** los huevos	**16.** las salchichas
5. la ensalada	**11.** la sopa	**17.** el pan
6. el pescado	**12.** el bistec	**18.** la mantequilla

Actividad **E**

1. No me gusta la carne con naranja.
2. No me gusta el pollo con chocolate.
3. Me gusta el arroz con leche.
4. No me gusta el pan con papas.
5. Me gusta el pescado con tomates.
6. Me gustan los huevos con salchichas.
7. Me gusta la leche con helado.
8. No me gustan los perros calientes con mantequilla.
9. Me gusta el puré de papas con carne.

Actividad **F**

1. La ensalada es verde.
2. La pizarra es negra.
3. Los papeles son blancos.
4. El huevo es blanco y amarillo.
5. El dinero de papel es verde.
6. La noche es negra.
7. Los ojos son marrones.
8. Los zapatos son blancos.
9. El queso es amarillo.
10. Los tomates son rojos.

Actividad **G**

Reynaldo y Mayra	Rafael y Mirta
2.25	3.50
1.25	1.00
2.50	.65
1.00	.85
1.50	.85
$8.50	1.00
	.65
	$8.50

Actividad **H**
(sample answers)

1. unas medias blancas	**3.** una blusa blanca elegante	**5.** un abrigo negro
2. unos zapatos negros	**4.** una falda negra	**6.** un sombrero rojo

Actividad ⌐

1. gustan	**4.** decir	**7.** digo
2. hago	**5.** dice	**8.** dice
3. quiere	**6.** hacen	**9.** ir

Actividad ⌐

tiempo, tiempo, invierno, frío, abrigo, guantes, primavera, viento, chaqueta, verano, calor, ropa, nieve, sol, primavera, verano otoño, invierno

Cuaderno de Ejercicios
Answer Key

Lección 1

A.

1. El español es importante.
2. El actor es importante.
3. La escuela es importante.
4. La doctora es importante.
5. El trabajo es importante.
6. El escritor es importante.
7. La familia es importante.
8. El amigo es importante.
9. El pianista es importante.
10. El profesor es importante.
11. El libro es interesante.
12. El profesor es interesante.
13. El hombre es interesante.
14. El niño es interesante.
15. La película es interesante.
16. La revista es interesante.
17. El actor es interesante.
18. El deporte es interesante.
19. El teatro es interesante
20. La escuela es interesante.
21. El tren es grande.
22. La casa es grande.
23. La puerta es grande.
24. La ventana es grande.
25. El gato es grande.
26. El perro es grande.
27. El piano es grande.
28. El caballo es grande.
29. La bicicleta es grande.
30. El hotel es grande.

B.

1. El doctor es inteligente.
2. El estudiante es interesante.
3. La amiga es especial.
4. La pluma es excelente.
5. El color es natural.
6. La bandera es importante.
7. La gasolina es excelente.
8. El automóvil es grande.
9. El actor es popular.
10. El insecto es tropical.

C.

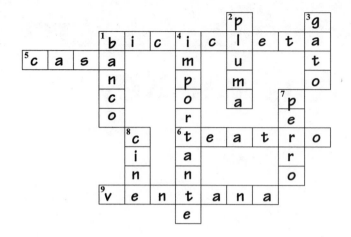

D.

1. presidente
2. apartamento
3. chocolate
4. auto
5. fruta
6. diccionario
7. piano
8. computadora

E.

L	A	M	P	A	R	A	P
A	B	C	A	F	E	Ñ	R
P	N	E	R	T	E	I	S
U	C	D	Q	F	G	N	P
E	S	C	U	E	L	A	F
R	N	A	E	H	D	S	I
T	I	I	M	R	J	A	E
A	Ñ	L	E	I	K	C	S
M	O	O	T	A	G	R	T
N	O	P	E	R	R	O	A

F.

1. El diccionario es necesario.
2. La televisión es interesante.
3. La doctora es inteligente.
4. La computadora es moderna.
5. Los libros son grandes.

Lección **2**

A.

1. Roberto es mi amigo.	**1.** Alicia es mi amiga.
2. Miguel es mi amigo.	**2.** Cristina es mi amiga.
3. Pedro es mi amigo.	**3.** Clara es mi amiga.
4. Carlos es mi amigo.	**4.** Francisca es mi amiga.
5. Enrique es mi amigo.	**5.** Ana es mi amiga.
6. Juan es mi amigo.	**6.** Blanca es mi amiga.
7. Luis es mi amigo.	**7.** Juana es mi amiga.
8. Pablo es mi amigo.	**8.** Elena es mi amiga.
9. Felipe es mi amigo.	**9.** Gracia es mi amiga.
10. José es mi amigo.	**10.** Catalina es mi amiga.

B.

1. Hasta mañana.   **5.** Bien, gracias.
2. ¿Cómo te llamas?   **6.** Buenas tardes.
3. Hasta pronto.   **7.** Mucho gusto.
4. Buenos días.   **8.** ¡Hola!

C.

1. d		**6.** i	
2. g		**7.** a	
3. f		**8.** d	
4. h		**9.** c	
5. e			

D.

D	O	M	I	N	G	O	A	S
O	T	A	S	J	U	A	N	P
R	R	R	A	L	I	C	I	A
O	E	C	B	R	L	E	F	T
T	B	O	E	A	L	G	E	R
E	O	S	L	N	E	R	S	I
A	R	O	S	A	R	O	O	C
L	E	U	G	I	M	J	J	I
A	C	A	R	L	O	S	E	O

E.

¹b	u	e	n	o	s		²d	í	³a	s
l							o		d	
²a	r	t	u	r	o		r		i	
n							o		ó	
³c	ó	⁶m	o		e	s	t	á	s	
a		a					e			
		ñ					a		⁷h	
⁴g	r	a	c	i	a	s			o	
		n							l	
	⁵a	d	ó	n	d	e			a	

Lección 3

A.

1. Las familias son grandes.
2. Las frutas son tropicales.
3. Los animales son ordinarios.
4. Las fiestas son populares.
5. Los hombres son románticos.
6. Las puertas son excelentes.
7. Las niñas son inteligentes.
8. Los abuelos son sinceros.
9. Los doctores son importantes.

B.

1. El estudiante es importante.
2. La ambulancia es necesaria.
3. El profesor es excelente.
4. El automóvil es rápido.
5. La mujer es americana.
6. La clase es interesante.
7. El león es africano.
8. La lámpara es eléctrica.
9. La fruta es deliciosa.
10. La lección es imposible.

C.

1. la madre
2. el hombre
3. el gato
4. el hijo
5. las niñas
6. la doctora
7. el profesor
8. la hermana
9. la señora
10. Juan

D.

1. hijo	**3.** hermano	**5.** hija	**7.** madre	**9.** hijo
2. abuelo	**4.** madre	**6.** hermana	**8.** padre	**10.** hija

E.

```
1                  h  e  r  m  a  n  o
2                  a  b  u  e  l  o
3                  s  e  ñ  o  r  i  t  a
4           g  a  t  o
5              p  a  d  r  e
6     a  b  u  e  l  a
7              m  a  d  r  e
8              v  e  n  t  a  n  a
9           h  i  j  o
10             s  e  ñ  o  r
11          g  a  t  a
12             p  a  d  r  e  s
```

F.

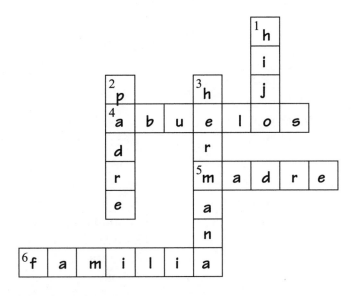

Lección 4

A.

1. Es una casa.
2. Es una escuela.
3. Es un periódico.
4. Es una bandera.
5. Es un cine.

6. Es una flor.
7. Es un teléfono.
8. Es un hombre.
9. Es una puerta.

B.

1. Es un papel.
2. Es un cuaderno.
3. Es un bolígrafo.
4. Es un tablón.
5. Es un escritorio.

6. Es una tiza.
7. Es un borrador.
8. Es una pizarra.
9. Es un cesto.
10. Es un reloj.

C.

1. una silla
2. un gato
3. una ventana
4. un cuaderno
5. un profesor

6. una hija
7. una bandera
8. una hermana
9. un muchacho
10. un libro

D.

1. el papel
2. la puerta
3. el profesor
4. el niño
5. la tiza

6. el abuelo
7. el lápiz
8. la pizarra
9. la ventana
10. el cesto

E.

1. profesora
2. cesto
3. papel
4. borrador

5. puerta
6. pizarra
7. pluma
8. cuaderno

9. reloj
10. mapa
11. tiza
12. mesa

```
P  R  O  F  E  S  O  R  A
A  B  P  L  U  M  N  O  R
P  L  U  M  A  B  R  D  R
E  R  E  L  O  J  E  A  A
L  S  R  C  D  E  D  R  Z
A  I  T  I  Z  A  A  R  I
F  L  A  P  A  M  U  O  P
G  L  O  T  S  E  C  B  H
```

F.

1. Hay una profesora.
2. Hay un escritorio.
3. Hay una pizarra.
4. Hay una puerta.

5. Hay dos estudiantes.
6. Hay sillas.
7. Hay un mapa.
8. Hay lápices.

9. Hay una ventana.
10. Hay un cuaderno.
11. Hay una tiza.
12. Hay un borrador.

Lección 5

A.

1. mira
2. trabaja
3. entras
4. camina
5. estudiamos

6. bailamos
7. contesto
8. escuchan
9. compran
10. cantan

B.

1. Nosotros caminamos.
2. Ustedes compran.
3. Mis abuelos miran.
4. Las señoras cantan.
5. Las profesoras preguntan.
6. Ustedes estudian.
7. Mis hermanos entran.
8. Los estudiantes contestan.
9. Nosotros bailamos.
10. Ellas trabajan.

C.

1. El barbero trabaja.
2. La señorita baila en el club.
3. Yo escucho la música.
4. Ud. habla inglés.
5. Él canta en la televisión.
6. El muchacho entra en la casa.
7. Mi profesor compra la casa.
8. La secretaria mira los libros.
9. El hombre pregunta mucho.
10. Él estudia la lección.

D.

1. visito
2. escuchan
3. hablamos
4. llegan
5. estudio
6. compran
7. entra
8. contesta
9. trabaja
10. hablo

E.

1. Buenos días señorita, ¿cómo está usted?
2. Los médicos trabajan en el hospital.
3. Hasta la vista, voy a casa.
4. La profesora es una persona inteligente.
5. Hay una ventana en la clase.
6. El estudiante va a la pizarra.
7. ¿Cómo te llamas? Me llamo Enrique.
8. ¿Adónde vas? Voy a la escuela.
9. Mucho gusto. El gusto es mío.
10. Hay un mapa y una bandera.

F.

entra   pregunta   estudias   usas
contesta   escuchar
estudio

Lección 6

A.

1. Los niños no son amigos.
2. La profesora no trabaja en la escuela.
3. Yo no estudio en la universidad.
4. María y Gloria no son hermanas.
5. Nosotros no miramos la televisión.
6. Mi mamá no compra la soda.
7. El estudiante no escucha la lección.
8. Uds. no contestan bien.
9. El automóvil no entra rápidamente.
10. Tú no caminas todos los días.

B.

1. ¿Hablas español?
2. ¿Mira usted el mapa?
3. ¿Entran ellos en el cine?
4. ¿Estudia francés el muchacho?
5. ¿Compran café mis padres?
6. ¿Trabaja la mujer en el hospital?
7. ¿Escucha el doctor con atención?
8. ¿Es usted americano?
9. ¿Bailan ustedes con la música?
10. ¿Son (ellos) inteligentes?

C.

1. Los hombres y las mujeres usan el automóvil.
2. Necesitan el automóvil para ir a trabajar.
3. Un auto nuevo cuesta mucho dinero.
4. Un automóvil usado necesita mucha gasolina.
5. El muchacho desea impresionar a las muchachas.

D.

1. Yo camino a la escuela.
2. Yo no hablo japonés.
3. Yo no estudio en la cafetería.
4. Yo no compro un auto nuevo.
5. Yo practico deportes.
6. Yo estudio latín.
7. Yo uso la computadora.
8. Yo escucho música.
9. Yo trabajo en casa.
10. Yo no bailo bien.

E.

1. ¿Cómo te llamas?
2. ¿Escuchas música?
3. ¿Caminas a la escuela?
4. ¿Bailas bien?
5. ¿Estudias muchas asignaturas?
6. ¿Practicas deportes?
7. ¿Trabajas en casa?
8. ¿Hablas francés?

F.

1. Voy al aeropuerto.
2. Voy al supermercado.
3. Voy al hotel.
4. Voy a la escuela.
5. Voy al hospital.

6. Voy al garaje.
7. Voy a la clase.
8. Voy a la pizarra.
9. Voy al cine.

Lección 7

A.

1. siete
2. doce
3. uno
4. veintiséis
5. cinco
6. catorce
7. tres
8. treinta
9. once
10. trece

B.

1. siete, ocho, nueve
2. diez, doce, catorce
3. nueve, once, trece
4. veinte, veinticinco, treinta
5. seis, cinco, cuatro

C.

1. cero, dos, cuatro, siete, seis, tres
2. cuatro, uno, nueve, dos, cero, ocho
3. cuatro, cinco, cero, uno, seis, seis
4. uno, cero, siete, ocho, tres, cero
5. dos, dos, dos, cuatro, cinco, seis
6. cuatro, seis, tres, cero, cinco, ocho
7. cero, cero, uno, cero, dos, siete
8. cuatro, seis, uno, cero, tres, ocho

D.

1. siete, uno, ocho, dos, cero, siete, uno, ocho, cinco, cuatro
2. dos, uno, dos, tres, uno, seis, cero, cero, seis, dos
3. cinco, uno, seis, cinco, nueve, cuatro, cero, uno, cero, uno
4. nueve, uno, cuatro, seis, cuatro, siete, uno, dos, cuatro, tres
5. siete, cero, cuatro, ocho, uno, dos, cero, uno, seis, cinco
6. ocho, cero, cinco, siete, siete, cinco, uno, cero, uno, cero
7. ocho, uno, tres, dos, uno, nueve, cero, tres, cero, cero
8. cinco, uno, ocho, cuatro, seis, dos, uno, seis, uno, siete
9. seis, cero, nueve, nueve, cuatro, cero, nueve, tres, ocho, cuatro
10. tres, uno, cinco, uno, uno, dos, dos, siete, nueve, tres

E.

	LOS YANQUIS	LOS TIGRES
1.	cero	dos
2.	cero	cero
3.	uno	cero
4.	uno	cero
5.	dos	uno
6.	cero	cero
7.	uno	dos
8.	cero	cero
9.	cuatro	tres
Anotación		
Final	nueve	ocho

F.

1. Ocho y dos son diez.
2. Seis menos tres son tres.
3. Veinte menos cinco son quince.
4. Cuatro por cuatro son dieciséis.
5. Quince y dos son diecisiete.
6. Treinta menos veinte son diez.
7. Veintidós menos cinco son diecisiete.
8. Dieciocho y uno son diecinueve.
9. Seis por cuatro son veinticuatro.
10. Doce y cero son doce.

G.

1. siete
2. quince
3. siete
4. sí
5. veinticuatro
6. diez
7. sí
8. uno
9. sí
10. sí

H.

1. cero   dos
2. dos   cuatro
3. cinco   siete
4. siete   nueve
5. diez   doce
6. trece   quince
7. quince   diecisiete
8. dieciocho   veinte
9. veintitrés   veinticinco
10. veintiocho   treinta

I.

1. Es el viernes veinticinco.
2. Es el lunes siete.
3. Es el sábado doce.
4. Es el miércoles veintitrés.
5. Es el sábado diecinueve.
6. Es el miércoles dos.
7. Es el martes quince.
8. Es el domingo veintisiete.
9. Es el domingo veinte.
10. Es el domingo seis.

Lección 8

A.

1. veo
2. aprenden
3. corres
4. comen
5. responde
6. beben
7. comprende
8. vendo
9. ve
10. leemos

B.

1. Los hombres beben una soda.
2. Nosotros aprendemos la lección.
3. Mis perros comen poco.
4. Ellas responden a la pregunta.
5. Los mecánicos comprenden las instrucciones.
6. Ustedes corren por la casa.
7. Ellos venden las flores.
8. Ustedes leen el periódico.
9. Nosotros vemos la televisión.
10. Las doctoras comprenden el problema.

C.

1. El niño ve el parque.
2. Yo leo la lección.
3. La señorita vende flores.
4. Usted comprende el examen.
5. Él responde correctamente.
6. Yo bebo café.
7. El médico responde a las preguntas.
8. Usted corre mucho.
9. Ella come poco.
10. La gata ve el perro.

D.

1. Usted no aprende español.
2. Luis y María no corren con el perro.
3. Nosotros no bebemos agua fría.
4. Mi hermana no come en la cafetería.
5. Francisca no responde en inglés.
6. Mis abuelos no ven el apartamento.
7. Ustedes no venden un gato.
8. Yo no leo libros en francés.
9. Mis amigas no hablan italiano.
10. La mujer no ve la bandera.

E.

1. ¿Aprenden mucho Marta y José?
2. ¿Come Margarita un sandwich?
3. ¿Comprenden ustedes la gramática?
4. ¿Lee Manuel las palabras?
5. ¿Corre usted con los animales?

6. ¿Beben ustedes una piña colada?
7. ¿Responde el policía a las preguntas?
8. ¿Aprenden los barberos a trabajar bien?
9. ¿Vende ella tomates?
10. ¿Ves tú el garaje?

F.

1. Lupita es una muchacha de once años.
2. Tiene un gato que se llama Patitas.
3. Siempre compra la comida para el gato.
4. No es grande pero come mucho.
5. Es inteligente y aprende muy rápidamente.
6. Está contento cuando ve a Lupita.
7. El gato desea correr al jardín.
8. Va al parque con su perro.

Lección 9

A.

1. el automóvil pequeño
2. las señoritas francesas
3. mi hermana morena
4. el hombre viejo
5. un examen difícil

6. las profesoras pobres
7. el señor popular
8. los médicos famosos
9. el estudiante estúpido
10. las bicicletas modernas

B.

1. pobres
2. fáciles
3. rubio
4. nuevos
5. pequeño
6. alto
7. estúpido
8. gorda
9. vieja
10. feas

C.

1. alto / bajo
2. bonita / feo
3. inteligente / estúpido
4. rico / pobre
5. viejo / joven

6. nuevo / viejo
7. gordo / flaco
8. alto / bajo
9. fácil / difícil
10. morena / rubia

D.

1. Es un auto nuevo. También es bonito.
2. Es un edificio alto. También es moderno.
3. Es una mujer morena. También es flaca.

4. Son dos hombres altos y flacos. Uno es moreno. Uno es rubio.
5. Es una mujer rica y elegante.

E.

(Answers will vary.)

F.

(sample answers)

1. Nosotros somos norteamericanos.
2. Mis amigos son de los Estados Unidos.
3. Mi casa es pequeña.
4. No, es pequeña.

5. Las calles son largas.
6. Mi madre es más alta.
7. Mi escuela es grande.
8. Sí, los profesores son estrictos.

Lección 10

A.

1. Pablo y Andrés son de Perú.
2. Ellas son de los Estados Unidos,
3. Uds. son de Costa Rica.
4. Nosotros somos de Puerto Rico.
5. Usted es de la República Dominicana.

6. Él es de Cuba.
7. Ella es de La Argentina.
8. Tú eres de Chile.
9. Yo soy de Colombia.
10. Mi abuelo es de Venezuela.

B.

1. son	3. son	5. es	7. somos	9. Son
2. soy	4. eres	6. Es	8. es	10. son

C.

(sample answers)

1. No, el español es fácil.
2. Sí, el policía es grande.
3. No, nosotros no somos mexicanos.
4. Sí, las flores son bonitas.
5. Sí, el automóvil es nuevo.

6. No, la rosa es bonita.
7. Sí, ellos son franceses.
8. Sí, el profesor es inteligente.
9. No, los abogados son ricos.
10. Sí, el abuelo es viejo.

D.

1. Ellas son enfermeras.
2. Las familias son pequeñas.
3. Ellos son barberos.
4. ¿Son ustedes ingleses?
5. Las lecciones son difíciles.

6. Somos cantantes.
7. Ellas son dentistas.
8. ¿Son ustedes carteros?
9. Los automóviles son viejos.
10. Mis padres son profesores.

E.

1. Yo soy argentino.
2. Mi abuelo es viejo.
3. ¿Es usted americano?
4. La niña es la hija de Margarita.
5. Él es carpintero.

6. El automóvil es feo.
7. El gato es bonito.
8. El actor es popular.
9. La comida es deliciosa.
10. ¿No es inteligente el estudiante?

F.

desea	desea	es	está	alta, baja
caliente	mira	soy	llega	

Lección 11

A.

1. cubres	3. decide	5. descubrimos	7. escribe	9. cubre
2. salgo	4. viven	6. reciben	8. divide	10. abren

B.

1. Las secretarias abren la oficina.
2. Ellos salen de la cafetería.
3. Uds. escriben la nota.
4. Ellas descubren el secreto.
5. Nosotros vivimos en los Estados Unidos.
6. Mis hermanos reciben una carta.
7. Ustedes cubren el cuaderno.
8. Los estudiantes dividen el trabajo.
9. Nosotros sabemos la lección.
10. Las niñas estudian en casa.

C.

1. El alumno abre los libros.
2. Yo cubro el papel.
3. El profesor escribe la fórmula.
4. La hermana trabaja en un restaurante.
5. ¿Sabe Ud. cuando va?
6. Él divide la comida.
7. La familia vive en Madrid.
8. Yo salgo rápidamente.
9. Ella recibe mucho dinero.
10. Yo descubro el secreto.

D.

1. describe
2. Viven
3. reciben
4. divide
5. abren
6. escribe
7. sale
8. doy
9. sé
10. cubres

E.

1. Mis padres viven en Puerto Rico.
2. Yo escribo la tarea.
3. El profesor divide el trabajo.
4. Los estudiantes describen la clase.
5. Yo no quiero abrir la ventana.
6. Recibimos el dinero mañana.
7. Usted sabe que ella es española.
8. ¿Cuándo sales de la escuela?
9. El mecánico cubre el auto.
10. Yo no estudio en casa.

F.
(sample answers)

1. Escribo mi tarea en casa.
2. Vivo en Chicago.
3. Recibo regalos por mi cumpleaños.
4. No, yo no escribo una historia.
5. Digo «buenos días».
6. Sí, visito a mis amigos.

Lección 12

A.

1. Nosotros estamos en casa ahora.
2. Yo estoy en casa ahora.
3. Mis hermanos están en casa ahora.
4. Tú estás en casa ahora.
5. Tú y yo estamos en casa ahora.
6. Ud. está en casa ahora.
7. Uds. están en casa ahora.
8. Paca y Felipe están en casa ahora.
9. Ellas están en casa ahora.
10. Carolina está en casa ahora.

B.

1. Tu estás en California.
2. Yo estoy enfermo.
3. Nosotros estamos cansados.
4. La leche está caliente.
5. ¿Cómo están Uds.?
6. Mis hermanos están contentos.

7. Patricio está sentado.

8. El profesor está en la clase.

9. ¿Dónde están los mexicanos?

10. Las ventanas están cerradas.

C.

1. estamos	**3.** está	**5.** están	**7.** estoy	**9.** Está
2. está	**4.** está	**6.** estás	**8.** están	**10.** están

D.

1. estamos	**3.** es	**5.** es	**7.** estoy	**9.** es
2. Estás	**4.** es	**6.** estamos	**8.** son	**10.** está

E.

1. La escuela está aquí.

2. Nosotros somos abogados.

3. Yo soy puertorriqueño.

4. Ud. es de San Antonio.

5. Ud. está en San Antonio.

6. Los médicos están cansados.

7. Los médicos son inteligentes.

8. El edificio está cerrado.

9. María y Juana están enfermas.

10. Los alumnos están tristes.

F.
(sample answers)

1. Mis abuelos son de los Estados Unidos.

2. Mis amigos son cómicos.

3. Soy alto(-a).

4. No, no estoy enfermo(-a) cuando hay un examen.

5. Sí, somos muy estudiosos.

6. No, no es deportista.

7. Mi profesor(-a) de español es de México.

8. Sí, estoy contento en la clase de español.

9. Mis libros están en mi cartera.

10. Mi ciudad está en California.

Lección 13

A.

1. El tren llega a Madrid a las once y veinticinco de la mañana.

2. El tren llega a Burgos a las ocho y diez de la mañana.

3. El tren llega a Salamanca a las doce y quince de la noche.

4. El tren llega a Bilbao a las cinco menos veinte de la mañana.
5. El tren llega a Zaragoza a las seis menos diez de la mañana.
6. El tren llega a Málaga a la una y veinte de la tarde.
7. El tren llega a Cádiz a la seis y media de la tarde.
8. El tren llega a Granada a las doce de la noche.
9. El tren llega a Segovia a las dos y cinco de la tarde.
10. El tren llega a Toledo a las ocho menos cuarto de la noche.

B.

1. Salgo de casa a las ocho y cuarto.
2. Entro en la escuela a las nueve.
3. Voy a la clase de español a las diez y veinte.
4. Voy a la clase de inglés a las doce menos cuarto.
5. Salgo de la escuela a las tres.
6. Entro a mi casa a las cuatro menos veinte.
7. Preparo la tarea a las cuatro y media.
8. Veo la televisión a las siete y media.

C.

1. No, salgo de la casa a las ocho y cuarto.
2. No, como cereal con leche por la mañana.
3. No, preparo la tarea a las cuatro y media.
4. No, veo la televisión a las siete y media.
5. No, escucho la radio a las nueve de la noche.
6. No, compro una soda a la una de la tarde.
7. No, salgo de las clases a las tres de la tarde.
8. Sí.
9. No, visito a los abuelos a las dos de la tarde.
10. No, corro en el parque a las diez de la mañana.

D.

1. Llega a Ciudad Juárez a las siete y cuarto.
   Sale de Ciudad Juárez a las siete y media

2. Llega a Chihuahua a las nueve menos cuarto.
   Sale de Chihuahua a las nueve y diez.

3. Llega a Durango a las doce menos veinticinco.
   Sale de Durango a las doce menos cinco.

4. Llega a San Luis Potosí a la una y veinte.
Sale de San Luis Potosí a las dos menos veinte.

5. Llega a Guanajuato a las tres.
Sale de Guanajuato a las tres y veinticinco.

6. Llega a México D.F. a las cinco y media.
Sale de México D.F. a las seis.

7. Llega a Cuernavaca a las ocho menos diez.
Sale de Cuernavaca a las ocho y veinte.

8. Llega a Acapulco a las doce.

E.

1. El vuelo de Ecuatoriana sale a las once y veinte.
2. El vuelo de Viasa llega a las nueve y veinticinco.
3. El vuelo de Avianca sale a las nueve menos diez.
4. El vuelo de Dominicana llega a las tres y diez.
5. El vuelo de Aeroperú sale a las doce y cuarto.
6. El vuelo de Mexicana llega a las a la una.
7. El vuelo de Varig sale a las tres menos cuarto.
8. El vuelo de AeroMéxico llega a las siete y media.
9. El vuelo de Iberia sale a las cinco menos veinte.
10. El vuelo de Aerolíneas Argentinas llega a las diez.

F.

1. Llego al aeropuerto a las seis y media.
2. Llego a la estación a las siete.
3. Voy al hotel a las siete y cuarto.
4. Salgo a comer a las ocho y diez.
5. Voy de compras a las ocho y media.
6. Regreso al restaurante a las doce.
7. Visito Hollywood a la una.
8. Voy al cine a las seis menos cuarto.
9. Voy a la cafetería a las ocho.
10. Regreso en taxi al aeropuerto a las nueve y veinte.

Lección 14

A.

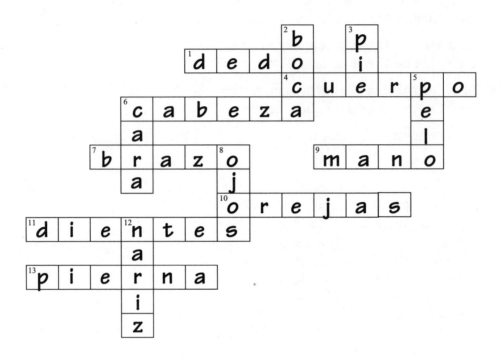

B.

1. Nosotros tenemos el pelo negro.
2. Yo tengo el pelo negro.
3. Ud. tiene el pelo negro.
4. Tú tienes el pelo negro.
5. Uds. tienen el pelo negro.
6. Ud. y yo tenemos el pelo negro.
7. Mi profesora tiene el pelo negro.
8. Luis y Felipe tienen el pelo negro.
9. Mis padres tienen el pelo negro.
10. Las muchachas tienen el pelo negro.

C.

1. tiene	3. tienes	5. tiene	7. tenemos	9. tiene
2. tiene	4. tiene	6. tengo	8. tiene	10. tengo

D.

1. No tenemos hambre ahora.
2. Tenemos sed.
3. Tengo mucho frío hoy.
4. Mi hermana tiene quince años.
5. ¿Tienes sueño?

6. Alicia tiene una cara bonita.
7. El hombre tiene frío.
8. Usted tiene razón.
9. Ella no tiene razón.
10. Tengo mucho calor ahora.

E.

1. Él tiene dolor de cabeza.
2. Él tiene sed.
3. Él tiene calor.

4. Él tiene frío.
5. El perro tiene hambre.
6. Ella tiene sueño.

F.
(sample answers)

1. La mano tiene cinco dedos.
2. En la cara tengo los ojos, la nariz, la boca...
3. Un día tiene veinticuatro horas.
4. Los estudiantes tienen hambre a mediodía.
5. Mi hermano(-a) tiene sueño a las diez de la noche.
6. Tenemos cien discos en casa.
7. Los profesores tienen un libro, lápices, un cuaderno....
8. Tengo cinco amigos en la escuela.

Lección 15

A.

1. domingo
2. miércoles
3. martes
4. viernes
5. lunes
6. sábado
7. jueves

B.

1. enero
2. febrero
3. marzo
4. abril
5. mayo
6. junio
7. julio
8. agosto
9. septiembre
10. octubre
11. noviembre
12. diciembre

C.

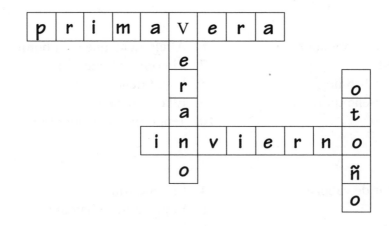

D.
1. sábado / lunes
2. jueves / sábado
3. martes / jueves
4. viernes / domingo
5. lunes / miércoles
6. miércoles / viernes
7. domingo / martes

E.

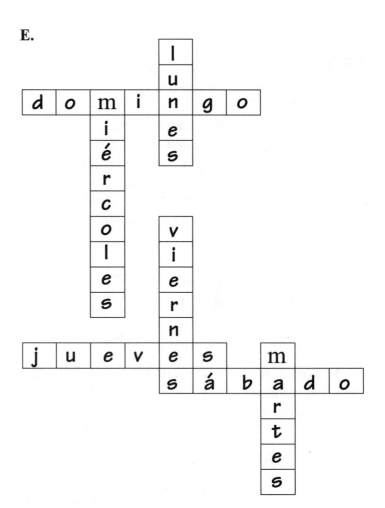

F.

1. siete
2. cuatro
3. febrero
4. calor
5. mesas
6. primero
7. sábado / domingo
8. jueves
9. verano
10. diciembre / invierno

G.

1. martes, treinta de enero
2. jueves, primero de febrero
3. lunes, doce de marzo
4. viernes, trece de abril
5. miércoles, veintitrés de mayo
6. lunes, cuatro de junio
7. domingo, veintidós be julio
8. jueves, nueve de agosto
9. vienes, siete de septiembre
10. miércoles, treinta y uno de octubre
11. sábado, diecisiete de noviembre
12. martes, veinticinco de diciembre

Lección 16

A.

1. cocina
2. baño
3. salón
4. comedor
5. dormitorio
6. garage
7. patio
8. casa

B.

1. silla
2. sofá
3. cama
4. lámpara
5. mesa
6. televisor
7. escritorio
8. piano

C.

1. Los estudiantes preparan su tarea.
2. El profesor mira su clase.
3. ¿Tiene usted mis libros?
4. ¿Busca usted su automóvil?
5. Hablo con mis amigos.
6. Ella ve nuestra casa.
7. Tú ves a mi hermana.
8. ¿Deseas nuestro trabajo?
9. Invitamos a tus abuelos.
10. Dolores estudia su lección.

D.

1. Nuestros amigos viven en El Salvador.
2. Mis hermanos trabajan en un hospital.
3. Las muchachas preparan su comida.
4. Los estudiantes no tienen su cuaderno.
5. ¿Tienes tus libros?
6. Sus niñas tienen ocho años.
7. Mis hijas corren en el parque.
8. El hombre camina con sus perros.
9. Nuestras casas tienen muchas ventanas.
10. Hablo con tus amigos.

E.

1. mi papel
2. nuestra familia
3. su secretaria
4. tus abuelos
5. nuestros trabajos

6. su tareas
7. mis lecciones
8. tu gato
9. nuestros automóviles
10. sus dormitorios

F.

1. ¿Tienes tu cuaderno?
2. Sus padres son viejos.
3. Su apartamento es pequeño.
4. Ellos viven en nuestra casa.
5. ¿Dónde está mi dinero?

6. ¿Ve usted su carro?
7. Nuestro profesor es muy inteligente.
8. Mis lecciones son difíciles.
9. Nuestros hermanos estudian en México.
10. Su cocina es moderna.

Lección 17

A.

1. veintitrés
2. treinta y seis
3. cuarenta y ocho
4. cincuenta y siete
5. sesenta y dos

6. setenta y una
7. ochenta
8. noventa y cuatro
9. cincuenta y cinco
10. diecinueve

B.

1. doce, trece, catorce
2. cuarenta, cincuenta, sesenta
3. veinte, veinticinco, treinta
4. ochenta, setenta, sesenta
5. seis, ocho, diez

C.

1. ochenta y siete, cuarenta, trece
2. quince, veinte, setenta y ocho

3. treinta y nueve, noventa y uno, cincuenta
4. sesenta y dos, setenta y cinco, catorce
5. diez, dieciséis, cuarenta y tres

D.

1. ochenta
2. setenta y uno
3. setenta y siete
4. sesenta y ocho
5. cicuenta y nueve

6. setenta y tres
7. ochenta y cinco
8. setenta y cinco
9. ochenta y nueve
10. noventa y uno

E.

1. ochenta y nueve
noventa y siete
ochenta y cinco
noventa
sesenta y nueve
2. ochenta y seis
noventa y dos
setenta y seis
noventa
setenta y dos

3. ochenta y cuatro
noventa y uno
ochenta y ocho
setenta y cinco
ochenta
4. ochenta y siete
ochenta y dos
ochenta y uno
setenta y ocho
sesenta y cinco

5. ochenta y cinco
setenta y nueve
noventa y cuatro
setenta y siete
noventa

F.
(sample answers)

1. Hay veinticinco estudiantes.
2. Tiene el número catorce.
3. Él hace cinco puntos.
4. Yo uso el treinta y tres.
5. La diferencia es doce puntos.
6. El número de mi casa es el treinta y cinco.
7. Yo quiero recibir un cien.
8. Tengo ochenta dólares.
9. Mi abuelo tiene setenta años.
10. El campo de fútbol tiene cien yardas.

Lección 18

A.

1. Nosotros queremos el jugo de naranja.
2. Tú quieres el jugo de naranja.
3. Ud. quiere el jugo de naranja.
4. Ellos quieren el jugo de naranja.
5. Ernesto y María quieren el jugo de naranja.
6. Tú y yo queremos el jugo de naranja.
7. Las americanas quieren el jugo de naranja.
8. Uds. quieren el jugo de naranja.
9. Mi hermano quiere el jugo de naranja.
10. Graciela y yo queremos el jugo de naranja.

B.

1. Tú quieres pescado frito.
2. Nosotras queremos la mantequilla.
3. Yo quiero un sandwich.
4. Ellos quieren el agua fría.
5. Él quiere el arroz con pollo.
6. Ella quiere leche de chocolate.
7. Ud. quiere pan.
8. Uds. quieren sopa.
9. Fernando quiere un perro caliente.
10. Mis padres quieren un helado de vainilla.

C.

1. quieren
2. quiero
3. Quieren
4. quiere
5. quieren
6. quieres
7. queremos
8. Quiere
9. Quiere
10. quiere

D.

1. Me gusta el queso.
2. Me gusta el café con leche.
3. Me gustan las papas fritas.
4. Me gustan las hamburguesas con queso.

5. Me gusta la ciencia-ficción.
6. ¿Te gusta la comida italiana?
7. ¿Te gustan las frutas tropicales?
8. ¿Te gustan las salchichas?
9. ¿Te gusta el béisbol?
10. ¿Te gustan las películas de acción?
11. Le gusta la leche fría.
12. Le gusta el jugo de tomate.
13. Le gustan los programas de televisión.
14. Le gustan los dientes blancos.
15. Le gusta la clase de español.
16. Nos gusta la primavera.
17. Nos gustan las casas grandes.
18. Nos gustan los libros cómicos.
19. Nos gustan los exámenes fáciles.
20. Nos gusta el verano.
21. ¿Les gustan los tacos mexicanos?
22. ¿Les gusta el frío?
23. ¿Les gusta la carne?
24. ¿Les gusta el pastel?
25. ¿Les gustan las legumbres?

E.

1. Me gusta
2. Les gusta
3. Les gusta
4. Le gustan
5. Le gusta
6. Te gusta
7. Le gusta
8. Les gusta
9. Les gusta
10. Nos gusta

F.

1. Les gusta el béisbol.
2. Le gusta la música.
3. Le gusta la televisión.
4. Nos gusta comer.
5. Me gusta el cine.
6. ¿Te gustan las flores?

G.

(sample answer)

1. Me gusta la música rock. Me gustan los deportes. Practico béisbol en la escuela. Me gusta la ciencia. Yo quiero ser un científico famoso.

Lección 19

A.

1. marrón
2. rojo
3. negro

4. rojo, blanco, azul
5. amarillo
6. verde

7. blanco
8. azul
9. rosado

B.

1. es roja
2. es blanca
3. es blanca
4. es azul

5. es roja
6. es amarillo/blanco
7. es blanca

8. es anaranjada
9. es rojo/amarillo
10. es blanco

C.

1. camisa blanca
2. traje negro
3. los calcetines negros
4. abrigo marrón
5. suéter rojo

6. vestido azul
7. vestido gris
8. gorra blanca
9. pantalones negros
10. blusa azul

D.

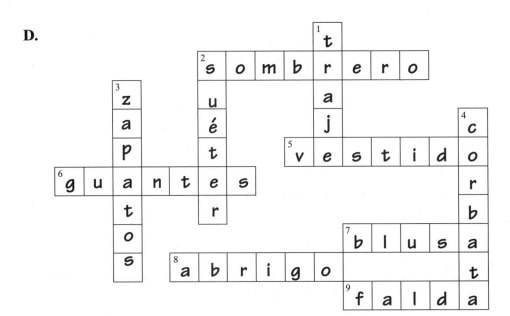

E.

Luz	José
falda	traje
sombrero	camisa
cinturón	corbata
zapatos	zapatos

Carmen	Jorge
falda	pantalones
blusa	camiseta
chaqueta	zapatillas
zapatos	

F.

Crossword:
1. negro (down: n, e, g, r, o)
3. gris (across: g, r, i, s)
2. blanco (down: b, l, a, n, c, o)
4. amarillo (across: a, m, a, r, i, l, l, o)
5. azul (down: a, z, u, l)
6. verde (down: v, e, r, d, e)
7. rojo (across: r, o, j, o)

Lección 20

A.

1. Tú vas al teatro.
2. Ud. va al teatro.
3. Uds. van al teatro.
4. Ellos van al teatro.
5. Ella va al teatro.
6. Él va al teatro.
7. Tú y yo vamos al teatro.
8. Nosotros vamos al teatro.
9. Mis amigos van al teatro.
10. Isabel y su mamá van al teatro.

B.

1. Yo voy a Santo Domingo.
2. Tú vas a San Francisco.
3. Él va a Miami.
4. Ella va a Nueva York.
5. Ud. va a Londres.
6. Uds. van a Tokio.
7. Nosotras vamos a Managua.
8. Jaime y Lorenzo van a Santa Bárbara.
9. Tú y yo vamos al Paso.
10. Gabriela y su mamá van a Buenos Aires.

C.

1. Van
2. voy
3. van
4. van
5. Vas
6. van
7. va
8. va
9. vamos
10. voy

D.

1. Vamos a la tienda mañana.
2. ¿Vas a la playa en el verano?
3. Mis padres van a Puerto Rico.
4. ¿Cuándo van a estudiar?
5. ¿Quién va al cine?
6. Mis amigos van al parque.
7. Ella no va a mi casa.
8. Juanito y su perro van a correr en la calle.
9. Ellos van a la clase de música hoy.
10. Su hermano va a la escuela en España.

E.

1. No, la señorita va al aeropuerto.
2. No, el hombre va al banco.
3. No, Uds. van al restaurante.
4. No, ellas van a la fiesta.
5. No, nosotros vamos al hotel.
6. No, tú vas al cine.
7. Sí.
8. Sí.
9. No, los médicos van al hospital.
10. Sí.

F.

1. El profesor hace un trabajo importante.
2. Los médicos hacen un trabajo importante.
3. Mi mamá hace un trabajo importante.
4. Uds. hacen un trabajo importante.
5. Tú haces un trabajo importante.
6. El presidente hace un trabajo importante.
7. Nosotros hacemos un trabajo importante.
8. Los policías hacen un trabajo importante.
9. El dentista hace un trabajo importante.
10. Los mecánicos hacen un trabajo importante.

G.

1. hace	3. hacer	5. hace	7. Hacen	9. hace
2. hace	4. haces	6. hace	8. hacemos	10. hace

H.
(Answers may vary.)

1. No, hace calor en Puerto Rico.
2. Cuando hace buen tiempo voy al parque.
3. Hace buen tiempo en el trópico.
4. Hace frío en diciembre, enero y febrero.
5. Hace calor en julio y agosto.
6. Hace mucho sol al mediodía.
7. No, camino por el parque cuando hace buen tiempo.
8. No, nunca llueve en el desierto.
9. En la primavera hace buen tiempo.
10. Sí, me gustan los meses de invierno.

I.

1. Hace buen tiempo.
2. Hace viento.
3. Llueve.
4. Hace buen tiempo.
5. Hace buen tiempo.
6. Hace calor.
7. Hace frío./nieva.
8. Llueve.
9. Nieva.
10. Hace buen tiempo.

J.

junio	septiembre	marzo	diciembre
julio	octubre	abril	enero
agosto	noviembre	mayo	febrero
verano	otoño	primavera	invierno

K.

1. No, es otoño.
2. Llueve.
3. Es primavera.
4. No, hace viento.
5. No, nieva mucho.
6. No, hace buen tiempo.

L.

1. ¿Qué tiempo hace hoy?
2. Nieva.
3. Llueve.
4. Hace viento.
5. Hace buen tiempo.
6. Hace mal tiempo.
7. Hace frío en invierno.
8. Hace calor en verano.
9. ¿Hace sol hoy?
10. ¿Hace fresco ahora?

Lección 21

A.

1. Ellos dicen la verdad.
2. Ud. dice la verdad.
3. Uds. dicen la verdad.
4. Tú dices la verdad.
5. La secretaria dice la verdad.
6. Mi hermano y yo decimos la verdad.
7. Nuestro amigo dice la verdad.
8. Los estudiantes dicen la verdad.
9. Sus amigos dicen la verdad.
10. Nosotras decimos la verdad.

B.

1. c
2. h
3. d
4. i
5. e
6. a
7. j
8. b
9. g
10. f

C.

Sí, claro. Quiero ver los animales.
Me gusta el león, el tigre y el elefante.
Quiero comprar helado y correr con mis amigos.
Quiero ir en el fin de semana—sábado o domingo.

D.

1. Mis padres siempre dicen la verdad.
2. Tus amigos dicen que la tarea es fácil.
3. Decimos adiós a nuestros abuelos en el aeropuerto.
4. La radio dice que va a llover.
5. Nuestro profesor dice que somos inteligentes.
6. El periódico dice que hoy hace frío.
7. ¿Qué le dices al dentista?
8. Ellos dicen que no van.
9. El doctor dice que estoy muy enfermo.
10. Los estudiantes dicen que el trabajo es muy interesante.

E.

1. elefante
2. león
3. pez
4. mono
5. toro
6. caballo
7. perro
8. tigre
9. gallina
10. vaca
11. ratón

El zoológico

F.

La clase visita el zoológico.
Los muchachos miran los tigres.
El guardia habla con la maestra.
Los tigres tienen miedo de los muchachos.
La maestra dice: «¿mis estudiantes?».
La clase sale del zoológico.

Achievement Test I
(Lessons 1-12)

1 Vocabulary (10 points)
Label the following pictures in Spanish.

1. _____

2. _____

3. _____

4. _____

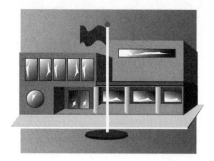

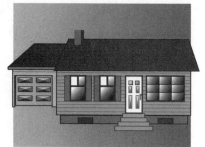

5. _____

6. _____

7. _____

8. _____

9. _____

10. _____

2 Popular names (5 points). Change the names in English to a Spanish equivalent.

1. Mi amigo (Michael) _____

2. Mi amiga (Joan) _____

3. Mi amigo (Paul) _____

4. Mi amiga (Mary) _____

5. Mi amigo (Joseph) _____

3 Common expressions (5 points). For each expression listed below, give an appropriate response. Do not repeat the given expression. Use an answer only once.

1. ¿Cómo te llamas? _____

2. ¿Cómo estás? _____

3. Adiós. _____

4. Mucho gusto. _____

5. ¿Adónde vas? _____

4 Vocabulary (5 points)
¿Cierto o falso? If the statement is true, write **cierto.** If it is false, write it correctly.

1. La profesora está en la clase. _____

2. El elefante es un animal pequeño. _____

3. El médico trabaja en un banco. _____

4. Los gatos son estúpidos. _____

5. Bebemos las bananas. _____

5 Definite Articles (5 points)
Check whether to use **el, la, los,** or **las** with the nouns you hear.

	el	la	los	las
1.	_____	_____	_____	_____
2.	_____	_____	_____	_____
3.	_____	_____	_____	_____
4.	_____	_____	_____	_____
5.	_____	_____	_____	_____

6 Indefinite Articles (5 points)
Check whether to use **un** or **una** with the nouns you hear.

	un	una			un	una
1.	_____	_____		4.	_____	_____
2.	_____	_____		5.	_____	_____
3.	_____	_____				

7 Numbers (10 points)
You will hear ten numbers in Spanish. Write them down in numerals.

1.	_____	5.	_____	8.	_____
2.	_____	6.	_____	9.	_____
3.	_____	7.	_____	10.	_____
4.	_____				

8 **Tú** or **Ud.** (5 points)
You will hear the names of a person or persons. Check whether you would use **tú** or **Ud.** when speaking to these people.

	tú	Ud.
1.	_____	_____
2.	_____	_____
3.	_____	_____
4.	_____	_____
5.	_____	_____

9 Adjectives (10 points)
Write the correct forms of the Spanish adjectives.

1. the modern school   la escuela _____

2. the new car   el automóvil _____

3. the fat cats   los gatos _____

4. the pretty flowers   las flores _____

5. the blond student   la alumna _____

6. the intelligent animals   los animales _____

7. the small houses   las casas _____

8. the Spanish flag   la bandera _____

9. the ugly lamp   la lámpara _____

10. the rich doctor   el médico _____

10 Give the correct form of the verb. (10 points)

1. (comprar)   Yo _____ un sombrero nuevo.

2. (leer)   Mi madre _____ el periódico.

3. (abrir)   Tú _____ los libros.

4. (aprender)   Ella _____ la lección.

5. (bailar)   Nosotros _____ la conga.

6. (recibir)   Ud. _____ el dinero.

7. (cubrir)   Él _____ la mesa.

8. (contestar)   María _____ la pregunta.

9. (ver)   Alejandro _____ la bicicleta.

10. (mirar)   Nosotros _____ la fotografía.

11 Make the following sentences negative. (5 points)

1. La enfermera trabaja mucho.

_____

2. Los niños pasan.

_____

3. Tú hablas bien.

_____

4. Ella escucha la música.

_____

5. Ellos miran la lección.

_____

12 Change the statements to questions. (5 points)

1. Usted comprende español.

_____

2. Ustedes bailan bien.

_____

3. Yo como.

_____

4. Tú estudias mucho.

_____

5. La mujer aprende.

_____

13 **Ser** and **estar**. Complete the sentences with the correct form of **ser** or **estar.** (10 points)

1. ¿Cómo _____ Ud.?

2. Nosotros _____ aquí.

3. Él _____ profesor.

4. El café _____ caliente.

5. Ellos _____ abogados.

6. Mi amigo _____ policía.

7. Carlos _____ triste.

8. Yo _____ americana.

9. El parque _____ en Madrid.

10. Uds. _____ contentos.

14

Reading comprehension (5 points).
Read the following passage and choose the expression that best completes the statement.

Carlos es un muchacho mexicano. Habla español en casa. El padre de Carlos es médico. Elena, la madre de Carlos, trabaja en una escuela grande y moderna. Carlos es alumno en una escuela pequeña. En su clase hay muchos alumnos y un profesor excelente. Hay también una pizarra, mesas y libros. Carlos trabaja mucho en la clase.

1. Carlos es _____ de Elena.
   (a) el hijo (b) el hermano (c) la hija (d) la hermana

2. Carlos es _____.
   (a) italiano (b) mexicano (c) americano (d) colombiano

3. El padre de Carlos trabaja en _____.
   (a) una escuela (b) un hospital (c) casa (d) un cine

4. La madre de Carlos es _____.
(a) profesora (b) dentista (c) secretaria (d) policía.

5. Carlos es _____.
(a) popular (b) moderno (c) confortable (d) inteligente

15 Slot Completion (5 points)
Choose the expression that best completes the sentences.

Hay una fiesta en la casa de María. Es una fiesta

(1)_____. Pablo es un muchacho muy

(2)_____. Él (3)_____

matemáticas y (4)_____ muy bien español.

Pablo adora a María porque ella es popular. María

(5)_____ con Pablo porque es romántico.

1. (a) tropical
   (b) magnífica
   (c) morena
   (d) flaca
2. (a) necesario
   (b) rubio
   (c) interesante
   (d) estúpido
3. (a) escucha
   (b) contesta
   (c) mira
   (d) estudia
4. (a) habla
   (b) compra
   (c) ve
   (d) sale
5. (a) lee
   (b) baila
   (c) contesta
   (d) divide

Achievement Test II
(Lessons 13-21)

1 Vocabulary (10 points)
Label the following pictures in Spanish.

1. _____

2. _____

3. _____

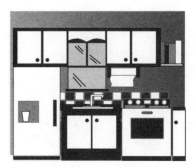

4. _____

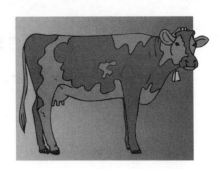

5. _____

6. _____

7. _____

8. _____

9. _____

10. _____

2 Time (10 points)

A. You will hear 5 clock times. Draw the hands on each clock in accordance with the time you hear.

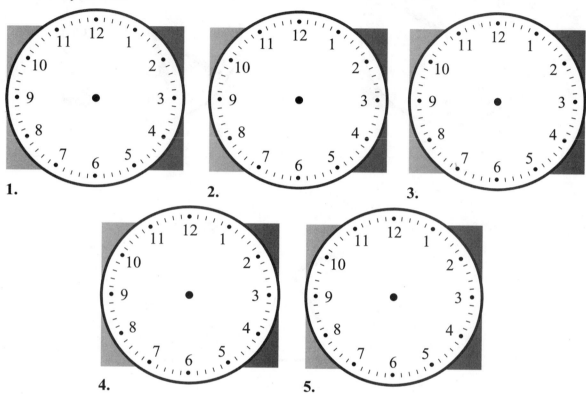

1.   2.   3.

4.   5.

B. Write the time in Spanish according to the time indicated on each clock.

1. _____   2. _____

3. _____   4. _____

5. _____

3 Numbers (5 points)
You will hear five numbers in Spanish. Write them in numerals.

1. _____

2. _____

3. _____

4. _____

5. _____

4 Choose the correct possesive adjective (5 points).

1. (mi, mis) clases
2. (su, sus) casa
3. (tu, tus) ojos
4. (nuestro, nuestra, nuestros, nuestras) manos
5. (su, sus) profesores

5 Dates (5 points)
You will hear 5 dates in Spanish. Write out the date you hear in English.

    EXAMPLE: You hear: **Es el tres de mayo.**
                   You write: **It's May 3.**

1. _____

2. _____

3. _____

4. _____

5. _____

6 Days (5 points)
You will hear the names of 5 days in Spanish. Write the names of the day you hear in English.

    EXAMPLE: You hear: **Es lunes.**
                   You write: **It's Monday.**

1. _____

2. _____

3. _____

4. _____

5. _____

7 Questions (10 points)

You will hear 5 questions. After each question, choose the best suggested answer and write the letter in the space provided.

1. a. Es el diez de junio.   **1.** _____
     b. Es domingo.
     c. Es el verano.

2. a. Estoy en la casa.   **2.** _____
     b. Voy a la casa.
     c. Estoy bien, gracias.

3. a. Hace calor.   **3.** _____
     b. Estamos en primavera.
     c. Hoy es miércoles.

4. a. Son las diez.   **4.** _____
     b. Hace fresco.
     c. Hago una visita.

5. a. Tengo catorce años.   **5.** _____
     b. Tengo gripe.
     c. Tengo una hermana.

8 ¿Qué tiempo hace? Expressions of weather (6 points)

1. _____   **2.** _____   **3.** _____

4. _____   5. _____   6. _____

9 ¿Qué estación es? The seasons (4 points)

1. _____   2. _____

3. _____   4. _____

10 Verbs (20 points)
Use the appropriate form of the verbs provided.

tener

   1. Yo _____ dos hermanos.

   2. Nosotros _____ un buen profesor.

   3. Tú _____ razón.

   4. Uds. _____ quince años.

hacer

   5. _____ frío.

   6. ¿Qué _____ tú?

   7. Ud. _____ chocolate.

   8. Yo _____ mis tareas.

gustar

   9. Le _____ el teatro.

   10. ¿No te _____ el helado?

   11. Nos _____ los discos.

   12. Me _____ la primavera.

ir

   13. María y Pablo _____ al cine.

   14. Yo _____ a la escuela a las ocho.

15. Nosotros _____ a la fiesta.

16. Tú no _____ al parque.

decir

17. Él _____ siempre la verdad.

18. ¿Qué _____ yo a la profesora?

19. Nosotros _____ que mañana es domingo.

20. ¿Qué _____ Uds. a sus padres?

11 Colors (10 points)
Write the correct form of the Spanish color.

1. (white)   el papel _____

2. (red)   los zapatos _____

3. (black)   la corbata _____

4. (blue)   sus ojos _____

5. (yellow)   el lápiz _____

6. (brown)   las blusas _____

7. (orange)   la flor _____

12 Slot Completion (10 points)

Read the following passage and then underline the answer that best completes the statement.

Es mediodía. Juan tiene (1)_____. Quiere

comer alguna cosa. Va a (2)_____ para

hacerse un sandwhich. A Juan le gustan la carne y

(3)_____. Come postre, come

(4)_____. Cuando tiene sed, bebe

(5)_____. Es un buen muchacho

independiente.

1. (a) frío
   (b) hambre
   (c) miedo
   (d) sueño
2. (a) la cocina
   (b) la sala
   (c) el cuarto de
       baño
   (d) la casa
3. (a) el dinero
   (b) el helado
   (c) las papas
   (d) el queso
4. (a) sopa
   (b) agua
   (c) pescado
   (d) frutas
5. (a) legumbres
   (b) sol
   (c) jugo
   (d) salchichas